Conferências
eorgismo e Comuni
América
atura do Minarete
eias de Teca Tatu Crônicas urupê
Mr. Slang
Problema Vi
as notas
é Brasil Crônicas
erê: Resultado de um inq
de Cartas

Monteiro
LOBATO Mi
erro

O Presidente Ne
Opiniões Na Antevéspe
oto Secre Fragmentos
eca Tatu Prefácios
A Barca yre
EGRINHA
ntrevistas Escolhic
Cartas de Amor
o do Petróleo

Monteiro
LOBATO

AMÉRICA

BIBLIOTECA AZUL

© Editora Globo, 2009
© Monteiro Lobato
sob licença da Monteiro Lobato Licenciamentos, 2009

Todos os direitos reservados.

Nenhuma parte desta obra pode ser apropriada e estocada em sistema de banco de dados ou processo similar, em qualquer forma ou meio, seja eletrônico, de fotocópia, gravação etc. sem a permissão dos detentores dos *copyrights*.

Edição: Arlete Alonso (coordenação), Cecília Bassarani e Luciane Ortiz de Castro
Edição de arte: Adriana Bertolla Silveira

Consultoria e pesquisa: Marcia Camargos e Vladimir Sacchetta
Consultoria editorial: Eliana Sá
Preparação de texto: Página Ímpar
Revisão: Cláudia Cantarin, Márcio Guimarães de Araújo e Margô Negro
Produção editorial: 2 Estúdio Gráfico
Direção de arte: Adriana Lins e Guto Lins / Manifesto Design
Projeto gráfico: Manifesto Design
Designer assistente: Nando Arruda
Editoração eletrônica: Susan Johnson

Créditos das imagens: Acervo Cia. da Memória (páginas 18); Arquivo Família Monteiro Lobato (páginas 6; 14; 20, 21 e 23).

Dados Internacionais de Catalogação na Publicação (CIP)
(Câmara Brasileira do Livro, SP, Brasil)

Lobato, Monteiro, 1882-1948.
América / Monteiro Lobato. — São Paulo : Globo, 2009.

Bibliografia
ISBN 978-85-250-4674-1

1. Estados Unidos - Descrição e viagens
2. Estados Unidos - Usos e costumes I. Título.

09-04238   CDD-917.304

Índices para catálogo sistemático:
1. Estados Unidos : Descrição e viagens   917.304

1ª edição, 2ª impressão, 2020

Editora Globo S.A.
R. Marquês de Pombal, 25 – 20.230-240
Rio de Janeiro – RJ – Brasil
www.globolivros.com.br

SUMÁRIO

14 Monteiro Lobato

17 Obra adulta

18 Um Jeca no país do Tio Sam

26 Prefácio

CAPÍTULO I
29 Stubby. Reaparece Mister Slang, de volta da China. Recepções caninas da White House. A arteriosclerose latina. Amor do senador Love pelos cães.

CAPÍTULO II
34 A caminho do hotel. Cenografia do outono. Ideias de Mister Slang sobre a paisagem, tropical. Sua ojeriza pelas folhas de astrapeia e outras folhas bárbaras. Quase tropeça numa delas.

CAPÍTULO III
38 Mais cães. Um que herda milhares de dólares. O civismo de Boots. A morte dolorosa de Cuddle. Rags assina o seu nome. Unalaska, herói do polo. Dentistas de cães.

CAPÍTULO IV
46 A cidade que não nasceu ao acaso. Lincoln e Washington, o que fez e o que manteve. A religiosa impressão que o monumento de Lincoln causa. Opinião de Mister Slang sobre a caridade.

CAPÍTULO V
54 Um monumento de 555 pés, cinco polegadas e um oitavo. Incapacidade orgânica para mentir. Pedras e mais pedras. A boa marca de *whiskey* que Grant usava. Entrada triunfal de Lincoln em Richmond.

CAPÍTULO VI
59 Homens e livros. Reminiscências duma palestra no Corcovado. As pontas dos fios. A riqueza da Biblioteca do Congresso. Hércules e Ônfale. Como se formam palavras.

CAPÍTULO VII
66 Descanso numa sílaba de carne e osso. Painéis, alegorias, símbolos. Peggy e Beryl. *Ain't it sweet?* O ponto fraco dum espírito forte. Verbo feito dum pedaço de outro verbo. Língua protecionista.

CAPÍTULO VIII
74 A caminho da velha Gotham. Visão do alto. Não mais o hilota agrícola. O animal mais estúpido que o peru. A máquina forçando o processo da adaptação humana. Os músicos postos à margem.

CAPÍTULO IX
82 Ideia irônica dum bispo inglês. O "L" perigoso. Dom Pedro II e Filadélfia. Guiomar Novaes. Carlos Gomes. A ideia maravilhosa que o brasileiro faz de si próprio. Concreto, concreto, concreto...

CAPÍTULO X
88 Princeton. A riqueza das universidades americanas. Harvard, a nababa. Os 36.688 alunos da Universidade de Columbia. Como a riqueza se forma. O chicote dos invernos. Justificação da indolência. O Ministério do Carbono.

CAPÍTULO XI
97 Cidades do interior do Brasil. A gloriosa platibanda. Nada de muros, ou taipas, ou cercas. Tarrytowm num dia do *Indian Summer*. Um inesperado "Por quê?".

CAPÍTULO XII
102 Dois negros de mentira que empolgam a América. Amos and Andy. Estradas onde se paga multa por escassez de velocidade. Bandidos. Destruir para criar. Lampião lembrado a cinco mil milhas de distância. O crime é negócio.

CAPÍTULO XIII
111 Evolução a galope. Clarence Darrow, a Bíblia e as portas de aço. Casas sem janelas. Para que janelas? Cidades verticais. O longo recorde do Woolworth. Sua derrota.

CAPÍTULO XIV
117 Tudo vem do sonho. Amos and Andy conversam e a América se detém para ouvi-los. Ford, Rockefeller, todos os magnatas interrompem seus negócios quando os dois negros conversam.

CAPÍTULO XV
124 A Catedral do Cinema. A bilheteria do Cine República em São Paulo. A marquesa displicente. Espírito criador que desrespeita o passado clássico.

CAPÍTULO XVI
130 A dominação feminina. Quem manda é a mulher. O rancor de Mister Slang contra a vitória da americana. O tzar do cinema. A censura. O caso *Coquette*.

CAPÍTULO XVII
138 Ainda a censura. Como se exerce. Ninguém escapa da mutilação, seja Tolstoi ou Theodor Dreiser. O caso de Fatty Arbuckle. O perigo do álcool para os indivíduos que pesam mais de cem quilos.

CAPÍTULO XVIII
145 Emancipação do homem. Puritanismo. Dualidade feminina. O *racketeering* moral. Venda de proteção. Males da riqueza.

CAPÍTULO XIX
150 No Chrysler Building. Nova York à noite, vista do alto. O céu na terra. Os 25 dólares de Peter Minuit. A cidade dos pica-paus.

CAPÍTULO XX
157 Encontro ocasional. Opiniões dum arquiteto nova-iorquino. O estilo americano. Novo, tudo novo. Arranha-céus de mais de milha de altura.

CAPÍTULO XXI

163 Uma carta sobre política. Eleições no Brasil. Votar, meio fácil de adquirir um chapéu novo. O gado eleitoral. Eleições na América. Hoover e Smith.

CAPÍTULO XXII

170 Velha conversa com Mister Slang a respeito do voto secreto. Como ele me limpou o cérebro de muitas teias de aranha. Sua visão geral do caso brasileiro.

CAPÍTULO XXIII

175 Nova York é um cacho de cidades. Sua riqueza. Vida subterrânea. *Up Town*. O sistema de estradas de ferro metropolitanas.

CAPÍTULO XXIV

180 Uma opinião sobre a mulher. Femininice da América. Matercracia. Como gostam de ler. Lei da evolução. Puritanismo grotesco.

CAPÍTULO XXV

187 Florenz Ziegfeld e suas maravilhosas girls. Neve e beleza. Inesquecível anúncio da primeira neve. Divórcios. Só as mulheres ganham com ele. Pagadores de alimonies. Casos trágicos.

CAPÍTULO XXVI

196 Na Biblioteca Pública. Roupas feitas. Matar o tempo. Beleza das africanas. Anatole, Putois, Voltaire e Edison. Irreverências de Mister Slang.

CAPÍTULO XXVII

201 Public Library. A biblioteca das crianças. Dois futuros Lindberghs. Peter Pan é relembrado. Meninice e mocidade. Amor, amor...

CAPÍTULO XXVIII

205 Um artigo de Fritz Wittels. De Forest, o inventor do rádio. Grandes homens e grandes ricaços. Simplicidade dos nababos. Henry Ford e suas ideias sobre o dinheiro.

CAPÍTULO XXIX

219 Igrejas conjugadas com hotéis e mais negócios. Um olhar de dúvida. A resposta de Mister Slang. Nosso almoço numa igreja. Desconfiança em si próprio.

CAPÍTULO XXX
225 Um professor hostil à riqueza. Idealismo. Mister Slang, porém, queria mais. Abuso do crédito. Ideias dum magnata. As procelárias. Figuração concreta dum milhão.

CAPÍTULO XXXI
232 A palavra saving está escrita no ar. Quanto o americano põe de parte cada ano. O que gasta com a vida, o que economiza, o que despende com seguros. A formação do maior centro monetário do mundo.

CAPÍTULO XXXII
241 Walden Pond. Henry Thoreau. Seu personalismo. A morte do indivíduo. Colmeização. A bacanal do consumo. Abuso do crédito.

CAPÍTULO XXXIII
248 O *crack* da Bolsa. Dias de pânico. Reação. O *bull* e o *bear*! . A função controladora e saneadora do *bear*.

CAPÍTULO XXXIV
254 Crises cíclicas. Sensibilidade da Bolsa. Opinião dum metalurgista sobre o Brasil. Ferro e carbono. O ferro como antídoto do separatismo.

CAPÍTULO XXXV
261 Eficiência e ineficiência. Um caso típico. Absurdos fiscais.

CAPÍTULO XXXVI
266 Processo secessionista. Antagonismo dos grupos regionais. Minas, São Paulo e Rio Grande. Previsões nem tristes nem alegres. Revolver...

272 Bibliografia

Monteiro Lobato

Monteiro Lobato por J.U. Campos

Homem *de múltiplas facetas, José Bento Monteiro Lobato passou a vida engajado em campanhas para colocar o país no caminho da modernidade. Nascido em Taubaté, interior paulista, no ano de 1882, celebrizou-se como o criador do Sítio do Picapau Amarelo, mas sua atuação extrapola o universo da literatura infantojuvenil, gênero em que foi pioneiro.*

Apesar da sua inclinação para as artes plásticas, cursou a Faculdade do Largo São Francisco, em São Paulo, por imposição do avô, o Visconde de Tremembé, mas seguiu carreira por pouco tempo. Logo trocaria o Direito pelo mundo das letras, sem deixar de lado a pintura nem a fotografia, outra de suas paixões.

Colaborador da imprensa paulista e carioca, Lobato não demoraria a suscitar polêmica com o artigo "Velha praga", publicado em 1914 em O Estado de S.Paulo. Um protesto contra as queimadas no Vale do Paraíba, o texto seria seguido de "Urupês", no mesmo jornal, título dado também ao livro que, trazendo o Jeca Tatu, seu personagem-símbolo, esgotou 30 mil exemplares entre 1918 e 1925. Seria, porém, na Revista do Brasil, adquirida em 1918, que ele lançaria as bases da indústria editorial no país. Aliando qualidade gráfica a uma agressiva rede de distribuição, com vendedores autônomos e consignatários, ele revoluciona o mercado livreiro. E não para por aí. Lança, em 1920, A menina do narizinho arrebitado, a primeira da série de histórias que formariam gerações sucessivas de leitores. A infância ganha um sabor tropical, temperado com pitadas de folclore, cultura popular e, principalmente, muita fantasia.

Em 1926, meses antes de partir para uma estada como adido comercial junto ao consulado brasileiro em Nova York, Lobato escreve O presidente negro. Neste seu único romance prevê, através das lentes do "porviroscópio", um futuro interligado pela rede de computadores.

De regresso dos Estados Unidos após a Revolução de 30, investe no ferro e no petróleo. Funda empresas de prospecção, mas contraria poderosos interesses multinacionais que culminam na sua prisão, em 1941. Indultado por Vargas, continuou perseguido pela ditadura do Estado Novo, que mandou apreender e queimar seus livros infantis.

Depois de um período residindo em Buenos Aires, onde chegou a fundar duas editoras, Monteiro Lobato morreu em 4 de julho de 1948, na cidade de São Paulo, aos 66 anos de idade. Deixou, como legado, o exemplo de independência intelectual e criatividade na obra que continua presente no imaginário de crianças, jovens e adultos.

OBRA ADULTA[*]

CONTOS
- **URUPÊS**
- **CIDADES MORTAS**
- **NEGRINHA**
- **O MACACO QUE SE FEZ HOMEM**

ROMANCE
- **O PRESIDENTE NEGRO**

JORNALISMO E CRÍTICA
- **O SACI-PERERÊ: RESULTADO DE UM INQUÉRITO**
- **IDEIAS DE JECA TATU**
- **A ONDA VERDE**
- **MISTER SLANG E O BRASIL**
- **NA ANTEVÉSPERA**
- **CRÍTICAS E OUTRAS NOTAS**

ESCRITOS DA JUVENTUDE
- **LITERATURA DO MINARETE**
- **MUNDO DA LUA**

CRUZADAS E CAMPANHAS
- **PROBLEMA VITAL / JECA TATU / ZÉ BRASIL**
- **FERRO / VOTO SECRETO**
- **O ESCÂNDALO DO PETRÓLEO /
  GEORGISMO E COMUNISMO / O IMPOSTO ÚNICO**

ESPARSOS
- **FRAGMENTOS / OPINIÕES / MISCELÂNEA**
- **PREFÁCIOS E ENTREVISTAS**
- **CONFERÊNCIAS, ARTIGOS E CRÔNICAS**

IMPRESSÕES DE VIAGEM
- **AMÉRICA**

CORRESPONDÊNCIA
- **A BARCA DE GLEYRE – VOLUMES 1 E 2**
- **CARTAS ESCOLHIDAS – VOLUMES 1 E 2**
- **CARTAS DE AMOR**

[*] *Plano de obra da edição de 2007. A edição dos livros* Literatura do Minarete, Conferências, artigos e crônicas *e* Cartas escolhidas *teve como base a primeira edição, de 1959.* Críticas e outras notas, *a primeira edição, de 1965, e* Cartas de amor, *a primeira edição, de 1969. Os demais títulos tiveram como base as* Obras Completas de Monteiro Lobato *da Editora Brasiliense, de 1945/46.*

Um Jeca no país do Tio Sam

Capa da 1ª edição de 1932

Fechando a tríade iniciada com *O presidente negro* e *Mister Slang*, este livro retoma um dos temas prediletos de Monteiro Lobato: como extrair as lições de desenvolvimento vinculado à racionalidade norte-americana para transformar o Brasil no país dos seus sonhos, com riqueza e distribuição de renda? Na tensão entre o enfoque do estrangeiro entusiasmado e o anglo-saxão objetivo e contido, constrói-se o texto à base de diálogos e comentários durante uma série de visitas dos dois personagens a cidades como Filadélfia e Detroit, berço da indústria automobilística de Henry Ford. À moda dos gregos da antiguidade, que só filosofavam andando, o protagonista faz com seu interlocutor, a quem conhecera quando ambos moravam no Rio de Janeiro, longos passeios. Neles, procuram interpretar e explicar as conquistas tecnológicas e científicas dos Estados Unidos, enquanto fazem comparações na busca de exemplos para solucionar os problemas brasileiros. Na verdade, Mister Slang representa o cerne de uma civilização que Monteiro Lobato queria transportar com urgência à sua pátria recém-saída da Revolução de 30, que a seu ver criava a ilusão de mudança trocando apenas o nome das ruas. "Revolver não conserta. O que conserta é *criar, aumentar*", alega o escritor, um eterno crítico da burocracia e da ineficiência dos nossos governos.

Ao longo destas páginas, o leitor entra em contato com uma nação caminhando a passos rápidos e inexoráveis rumo à mecanização que, segundo Mister Slang, ao invés de prejudicar os trabalhadores, criaria outras fronteiras de atividades. "Resistir

New York, 1929. *Desenho de Monteiro Lobato*

às correntes do tempo vale por inépcia supina", afirma o inglês. "Apenas vejo no progresso uma lei natural", diz ele, de certa forma prevendo que a América do Norte passaria, em breve, a ditar a agenda e o ritmo da economia mundial.

Em Nova York, o narrador extasia-se tanto com a complexa rede de metrô, no subsolo, como diante de prédios como o Chrysler Building, de desenho arquitetônico inédito, em "pleno viço de crescimento". Ali, tudo é moderno, pujante. Do rádio ao cinema falado, da televisão ao aeroplano, das linhas da *mass production* aos arranha-céus cortando o horizonte cosmopolita, as descobertas propagam-se a uma velocidade estonteante.

Fazendo o elogio do ferro e do aço que fabricam as máquinas multiplicadoras do trabalho, movidas pela força do petróleo, o autor reconhece a importância de aplicar recursos financeiros na construção do saber e na democratização do ensino. "O que a América está fazendo em matéria educativa excede o poder de previsão do cérebro humano", conjetura, ao visitar a Universidade de Princeton: "Deveras lamentei comigo mesmo não estar começando a existência para vir estudar, formar o espírito ali em tal paraíso".

Será, porém, em Washington, que ele vai forjar a síntese do pensamento lobatiano: "Um país se faz com homens e livros", observa às portas da majestosa Biblioteca do Congresso. E, apesar da distância física, jamais perde de vista o povo da terra onde nasceu, plasmado no seu Jeca Tatu, "Morador de casebre de palha, sem mobília, sem conforto, sem assoalho, sem teto...", que, labutando de sol a sol, ganha uma vigésima parte dos proventos do caipira norte-americano. "E inda por cima insultam-no, acusam-no de não ter 'poder aquisitivo', de não comprar livros, de não ser sócio da Liga da Defesa Nacional....", ironiza ele, com uma pontada de tristeza por ver seu personagem símbolo tão longe de alcançar a cidadania.

De resto, vale a pena ressaltar a capacidade de Monteiro Lobato como analista sensível para captar as oscilações do mercado e interpretar com surpreendente acuidade os desdobramentos da conjuntura. Embora não esconda o entusiasmo perante o vertiginoso progresso gerado pelo capitalismo, ele critica a especulação e o abuso do crédito ao consumidor que, instigado pela propaganda, não consegue refrear o desejo de consumo. "Vejo, entretanto, um ponto perigoso no sistema. O

Monteiro Lobato na embaixada do Brasil em Washington, em 1928

povo já está comprando a crédito, já está sacando sobre o futuro. O operário que adquire uma Frigidaire para a pagar em vinte meses está usando, como se dólar fosse, a *probabilidade* de manter-se no gozo daquele salário durante vinte meses". Com base nestas análises, ele dá o alerta: "Venha uma perturbação econômica qualquer, tenha esse operário o seu ganho diminuído ou suprimido – e desabará sobre a América um cataclismo econômico de proporções únicas, capaz de refletir-se desastrosamente no mundo inteiro."

Monteiro Lobato em Nova York, 1930

AMÉRICA

Prefácio

A incompreensão do fenômeno americano pode filiar-se à
natural incompreensão que o carro de trás sempre há de ter da
locomotiva. Há muito pouco "Hoje" no mundo. Na própria
Europa o "Ontem" ainda atravanca a mor parte dos países.
Naturalíssima, pois, a geral incompreensão relativa ao único
povo onde o "Amanhã" da humanidade já vai adiantado.

São Paulo, 1931

Anos atrás O bom deus Acaso pôs no meu

caminho um homem de singular filosofia – o inglês da Tijuca.[1]
Suas ideias chocavam, aberrantes que eram das ideias e pontos
de vista do monstro de mil corpos e uma só cabeça chamado
Toda-Gente. Mister Slang via com seus olhos azuis e pensava
com seu cérebro. Pensava em linha reta e via com nitidez: – daí
o ser olhado de esguelha pelos que viam torto e pensavam com
teias de aranha.

Íamos então em pleno império da sinuosidade. Ter
bom-senso constituía o crime dos crimes. O Brasil "valoriza-
va" café. Para o conseguir, para criar o ambiente coletivo que
possibilizasse a tremenda aventura fora preciso inverter valores
universais. A simples palavra "bom-senso" provocava da polícia
olhares de desconfiança.

Mister Slang nascera equilibradíssimo de faculdades e pas-
sara a vida a manter e aperfeiçoar esse equilíbrio. Daí o ser posto
na lista policial dos "indesejáveis", com a nota perigosa da época: "derrotista".

Não houve necessidade de deportá-lo. Mister Slang depor-
tou-se a si mesmo. Viera ao Brasil para acompanhar a revolução
contra o presidente Bernardes, visto ter mania de estudar revoluções, "únicos momentos em que o velho instinto predatório
se revela no absoluto da nudez primitiva", costumava ele dizer.

---

[1] *Personagem fictícia que aparece pela primeira vez no livro do mesmo autor,*
Mister Slang e o Brasil. *Nota da edição de 1946.*

Finda a nossa crise, o seu interesse passou do Brasil à China, onde a fome preparava o banditismo que iria deflagrar a longa matança amarela.

As ideias de Mister Slang sabiam à minha simplicidade d'alma como a própria quintessência dos fatos destilada em alambique de alta precisão. Durante o período em que com ele convivi gozei de intensa euforia, a ponto de julgar-me gênio em trabalhos de desabrochamento. Tinha o inglês da Tijuca o poder de fecundar em mim gérmens de ideias, ou transmitir-mas em jacazinhos, já de raiz – e assim me transformou por uns tempos num lindo jardim de coisas raras, se não novas.

Loucamente me orgulhei disso acabando, o que era humano, por não ver na minha florescência obra apenas dum jardineiro hábil e sim o produto natural, espontâneo, originalíssimo, da terra de jardim que eu era. Impingi aos amigos as ideias de Mister Slang como se minhas fossem, muito me regalando com o espanto deles.

Com o seu afastamento sofri enorme decepção. A ausência do jardineiro levou o maravilhoso jardim do meu cérebro a virar relíssimo jardinzinho de chalé de subúrbio, com os clássicos canteiros de periquito falhado à orla, e dálias insulsas, e gerânios, tiririca, azedinha e demais comuns vulgaridades. Nada novo, crisandálico, de cor rara e perfume estonteante. Chatice.

Os amigos desertaram-me. Com grande desapontamento passei a simples pedaço do bicho Toda-Gente – peludo, sorno, sovado, carne de vaca. Compreendi, então, que na minha simbiose mental com o inglês meu papel fora apenas de parasita – que tudo tira e nada dá em troco.

Nunca mais vi, nem tive notícias de Mister Slang, isso durante anos. Um belo dia, porém, em Washington...

CAPÍTULO I

Stubby. Reaparece Mister Slang, de volta da China. Recepções caninas da White House. A arteriosclerose latina. Amor do senador Love pelos cães.

Estava eu de visita ao museu da Cruz Vermelha americana, parado diante de ampla vitrina onde se via um cachorrinho empalhado, de nome Stubby. Em redor dele, os seus *belongings*, tudo quanto lhe pertencera em vida – e ainda um grande livro aberto, de pergaminho, contendo a biografia desse famoso *war-dog*, herói legítimo da Grande Guerra.

Buldogue nascido em New Haven, estado de Connecticut, um dia mudou-se para Washington, juntamente com o seu dono, um Mister Robert Conroy. Logo depois os Estados Unidos entravam na guerra. Apanhado pela mobilização, Stubby seguiu para a Europa com a Vigésima Sexta Divisão – e começa aí a sua gloriosa carreira de cãozinho *sans peur et sans reproche*. Atestam-na hoje as oito medalhas militares que ganhou, uma delas colocada em seu pescoço pelo próprio general Pershing, então comandante supremo do Exército americano na França.

Essas medalhas pendiam do capotinho que Stubby empalhado vestia – capotinho histórico, oferecido pelas damas de Château Thierry após a terrível batalha desse nome e feito de retalhos de bandeiras gloriosas. Além das medalhas vi nele três fitas comemorativas, de trabalhos prestados e uma por ferimento recebido em serviço. Stubby tomara parte nas batalhas de Champagne-Marne, Aisne-Marne, Saint-Mihiel e Meuse-Argonne.

Outras honras teve em vida. Foi eleito membro honorário da Cruz Vermelha, com a nota de "único ente não humano a receber tal honraria" – e na lista dos sócios dessa heroica sociedade, entalado entre dois Fulanos, passou a figurar o nomezinho curto de Stubby – que poderíamos traduzir como Rabicó, ou cotó de cauda.

Honra idêntica recebeu da Young Men's Christian Association, que o proclamou membro da sociedade, com provisão vitalícia para *a place to sleep and three bones a day* – um lugarzinho para dormir e três ossos por dia.

A história de Stubby já era minha conhecida através dos jornais, que volta e meia o relembravam; e creio que foi no Central Park, em Nova York, que vi um monumento de bronze a ele erigido. Lembro-me também da notícia dum seu retrato pelo pintor Charles Whipple, o qual retrato se extraviara e fora afinal, cinco anos depois, encontrado num belchior e reposto no lugar competente.

Esse conhecimento anterior da vida e feitos de Stubby fez-me parar diante daquela vitrina com o interesse natural de quem dá de cara com um amigo velho, mas só conhecido de descrição. Demorei-me a ler os fastos de sua vidinha, fixando na memória os numerosos objetos, hoje históricos, a ele associados. Súbito, algo vermelho pousou de leve em meu ombro. Voltei-me para o dono da mão.

– Mister Slang! *You...*

– Sim, meu caro. Eu... O mundo dá voltas, e cá estamos de novo a ver as mesmas coisas, talvez a pensar as mesmas ideias.

Meu espanto, misturado com a alegria de rever o maravilhoso amigo da Tijuca, arrancou-me por momentos à contemplação do buldoguezinho histórico. Olhei para a cara do meu reencontrado com brasileiríssimos olhos, cheios de mexeriqueira curiosidade pela vida que levara desde que nos apartamos no cais, ele de rumo à China, eu de retorno à vulgaridade. Mister Slang, porém, nada contou de si, nem da China. Apenas falou de Stubby.

– Veja o que é o destino – disse ele. – Este senhor cão nasceu, como nascem todos os buldogues, para viver a vida que vivem todos os cães. Quando Mister Conroy veio para Washington, mal poderia pensar que iriam chover sobre o animalzinho honras a que muitos homens aspiram em vão. Não me consta que as damas de Château Thierry tenham feito um lindo sobretudo de retalhos de bandeiras para qualquer marmanjo humano. Mas fizeram essa túnica para Stubby, note. Veem-se ainda nela rasgões de balas...

– Teria Stubby dado por isso? – insinuei, latinamente cético.

– Quem o poderá dizer? – responderam os séculos de filosofia anglo-saxônica, acumulados dentro de Mister Slang. – Os fatos, porém, são estes. Stubby recebeu as mais altas honras, jamais as vendo desmerecidas por invejosos. Os homens não invejam honras concedidas a cães, e os cães, idem, porque os ignoram. Stubby é feliz. Todos o admiram, ninguém o deprime. Não acontecerá com ele o que vi acontecer diante do túmulo de Napoleão nos Inválidos – quando um neto, talvez, ou bisneto de algum irredutível partidário dos Bourbon, ao defrontar o feio túmulo, chispou dos olhos cólera velha, e rosnou um *"Cré nom de nom de nom de nom de nom..."* do qual não ouvi o fim porque me retirei antes.

Stubby foi recebido em audiência pelo presidente Wilson em Paris, num dia de Natal. De volta à América, depois de finda a luta, nunca deixou de ser admitido em audiência na Casa Branca, em cada dia de Natal. Recebeu-o o presidente Harding e creio que também o presidente Coolidge. Se hoje o presidente Hoover não mais o vê é que Stubby já está empalhado.

Isto dizia Mister Slang com a britânica seriedade cabível na matéria.

Pus-me a refletir, já amolecido em minha superioridade de bípede dum país onde amiúde se repete que um homem é um homem e um gato, um gato. E concordei com a ternura que via nos olhos do meu amigo.

– Não há dúvida, é lindo isso...

– Lindo parece-me o dia de hoje – respondeu Mister Slang, aproximando-se duma janela e olhando na direção do Potomac. – Quer chegar ao meu hotel? Já que gosta de cachorros, poderá ler em meu apartamento uns tantos recortes de jornais com casos caninos bem típicos. Deles verá que coisa alta na América é o cachorro. O sentimento público o equipara à criatura humana, e parece que as leis caminham para ratificar semelhante graduação. Leis há que impõem aos cães deveres, ao lado dos di-

32 AMÉRICA

reitos que lhes outorgam. Conhece o caso da delegação de cães que compareceu ao Capitólio de Albany, em março passado?

– Nada li a respeito.

– Algo difícil de ser compreendido por um latino da sua marca. Acho vocês muitos precisados de rejuvenescimento. Andam duros de arteriosclerose n'alma. Calcificados. Para o francês, por exemplo, só há no mundo o francês. Para o americano há mais coisas – há o cachorro, há a americana, há o golfe...

– Mas a delegação canina, Mister Slang? Estou curioso.

– O senhor Love, um democrata de Brooklyn, revoltou-se contra o hábito de se cortarem as orelhas aos cães com tesouras, como se fossem de feltro insensível. Dessa revolta surgiu o seu projeto de lei admitindo corte de orelha apenas por veterinário oficial e com anestesia. Não contente de apresentar o projeto de lei, tomou a peito fazê-lo passar no Congresso. Para isso imaginou recurso de grande eficácia – uma delegação de cães que fosse assistir das galerias ao debate; ele queria ver que legislador se atreveria a votar em contrário na presença duma delegação de interessados... Houve dificuldades a afastar. Uma delas vinha dum estúpido regulamento muito velho que – imagine! – vedava a entrada naquele recinto legislativo... a cães! Removido esse entrave, a delegação compareceu, liderada pelo presidente do Dog Owner's Service Bureau, de Nova York, Mister John W. Britton – que aliás só tinha por essa época 11 anos de idade. Nas galerias, muito séria, de patas sobre o balaústre, a delegação canina agiu (como dizem os químicos) por ação de presença – catálise, e não houve um só legislador que ousasse votar contra o projeto do senador Love.

– Esse processo já vi usado no Brasil – disse eu – por certos advogados manhosos. Levam ao júri chorosas mães ou filhas do réu – às vezes mães e filhas que nunca viram o réu mais gordo. Aceito a psicologia de Mister Love, mas...

Parei no "mas". Mister Slang estava absorto, com o pensamento longe de mim. Talvez que a minha observação fosse pueril, fora de propósito ou tola. E como o sábio era não concluí-la, não a concluí.

CAPÍTULO II

A caminho do hotel. Cenografia do outono. Ideias de Mister Slang sobre a paisagem tropical. Sua ojeriza pelas folhas de astrapeia e outras folhas bárbaras. Quase tropeça numa delas.

Do museu da Cruz Vermelha ao hotel

de Mister Slang a distância não me pareceu grande. Vencemo-la a pé, sob árvores a se despirem das folhas amarelas e vermelhas desse maravilhoso cenógrafo que lá tem o nome de *Fall* e, entre nós, na poética, se chama outono.

No Brasil conhecemos o outono de nome, não pessoalmente. Só nos encontramos com ele nos versos de poetas de mentalidade europeia, os mesmos que às vezes nos falam em rouxinol e amiúde em lobo, lareira e outras reminiscências que nos estão no sangue. Eu já havia, quando no Rio de Janeiro, debatido essa questão com Mister Slang. Fizera-me ele notar, certa vez, que os brasileiros não descendentes de negro ou índio são puros europeus transplantados, com muito mais sedimentação europeia n'alma do que americana. Lembro-me que essa discussão veio a propósito duma enorme folha de astrapeia.

– "Esta paisagem tropical" – dissera Mister Slang – "só pode falar à alma de negros ou índios, ou dos que têm no sangue predominância de sangue negro ou índio. Só negros ou índios, ou seus descendentes, com milênios de adaptação aos trópicos, reagem diante das formas e tonalidades tropicais. Esta pujança da natureza, crua e brutal, estes verdes que varam o ano sem mudar de tom, nada disso nos toca, a nós europeus, nem pode tocar aos daqui de pura descendência europeia. Somos filhos de clima de inverno, temos milênios de adaptação ao clima de quatro estações definidas, como o índio e o negro os têm de adaptação aos climas de 'verão eterno'. Daí a atração de vocês pela Europa, a nostalgia da Europa, a saudade da Europa ainda nos que nunca lá estiveram. Não é nostalgia da Europa política e sim, apenas, como diria Jack London, *the call of the land*. Saudades do clima em que as estações se definem nitidamente, em que a natureza se desnuda pelo inverno, e depois reverdece de novo, começando com as macias esmeraldas da primavera até chegar aos verdes carregados do verão – e depois se faz todinha amarela e vermelha, graças à maravilhosa gama dos amarelos e vermelhos do outono, para logo em seguida desnudar-se outra vez à entrada do inverno seguinte."

Aquelas palavras de Mister Slang haviam calado em meu cérebro. Promovendo um exame de consciência verifiquei que de fato me sentia mais europeu que americano. Tudo em mim repelia o calor tropical e suas produções – a árvore de folhas enormes, a palmeira, a sucuri, o jacaré, o verde perpétuo, o derreamento, o suor e quejandas maravilhas de africano e índio. Num museu de pintura minha emoção sempre fora para os quadros suaves de climas temperados ou frios; e em viagens e passeios meu olho arregalado, bem como o sorriso feliz que nos acode diante do "bom", vinham sempre quando, por acaso, algum trecho da nossa natureza "cochilava" e, cochilando, destropicalizava-se, mostrando-se mais próximo da europeia. Ver as folhas dos plátanos de São Paulo caírem sob os ventos frios de maio, bem como ressurgirem verdinhas de esmeralda em setembro, sempre me causou emoção indefinível, que só então, graças a Mister Slang, eu começava a entender... Era a emoção retrospectiva do europeu em mim contido, deflagrada por aquela nesga de pátria climatérica entrevista na mutação dos plátanos.

– "Só negros ou índios" – continuara ele – "poderão deleitar-se ou sentir-se ambientados num cenário de verde eterno, com palmeiras, bananeiras e mais plantas de folhas enormes. A mim estas folhas enormes dão-me a sensação de matéria-prima para folhas – para a folha definitiva, miúda, graciosamente recortada. No começo do mundo, quando o globo era todo uma fornalha amazônica de assar mamutes, só deviam existir folhas assim, desconformes, cataplasmáticas. Foi o advento do frio o que as adelgaçou."

Em seguida, tomando a folha de astrapeia que provocara o debate, Mister Slang apresentou-ma com estas palavras finais:

— "Veja se isto lá é folha, esta monstruosidade. Matéria-prima para folhas, sim. De cada um destes emplastros o inverno fará, quando pelo resfriamento do globo chegar até aqui, vinte ou trinta folhinhas das que brincam com a brisa, como dizem os seus poetas."

Aquelas árvores de Washington, sob as quais passávamos em direção ao hotel, eram como as queria aquele filho de terra onde neva: — delicadas, apuradas, civilizadas, sensíveis à menor brisa perpassante. O outono, depois de as colorir de amarelo ou vermelho, as ia acamando no solo, onde o velhíssimo europeu acumulado em Mister Slang as pisava com volúpia. No Rio, lembro-me bem, ele desviava-se das folhas de astrapeia caídas na rua – para não tropeçar...

CAPÍTULO III

Mais cães. Um que herda milhares de dólares. O civismo de Boots. A morte dolorosa de Cuddle. Rags assina o seu nome. Unalaska, herói do polo. Dentistas de cães.

Chegados ao hotel voltamos ao

assunto "cachorro". Mister Slang abriu um livro de recortes e mostrou-me alguns.

– Pelo que colhi nos jornais podemos ter uma ideia do que é e vale o cão na América – disse ele. – Aqui está um telegrama de Denver ao *New York American*, anunciando a morte de Sheep, companheiro e amigo único dum falecido Fred Forrester. Morreu com 18 anos – de velhice, depois de se haver tornado o herdeiro universal de Forrester, o qual deixou bens no valor de 150 mil dólares.

No testamento declarou Forrester que legava toda a sua fortuna a Sheep como a única criatura que a merecia. Em seguida providenciou para que Sheep gozasse do usufruto, e que por sua morte a fortuna revertesse em benefício do *dogdom* do Colorado – a canzoada do Colorado.

Fatos como este se repetem na América todos os dias. Há sempre um cachorro a figurar nos testamentos, liberalmente dotado para que tenha em vida quantos ossos lhe saiba ao apetite e disponha de uma criatura humana que o lave, penteie e leve a passear nos parques, pela coleira.

– Isto me parece maluquice, Mister Slang – comentei eu, sorrindo com a superioridade de quem já havia dado muito pontapé em cachorro.

– O fato de parecer a você alguma coisa não impediu que milhares de americanos hajam lido com ternura tal telegrama e nesse momento sentido um indefinível esto de sublimação. Mas aqui temos outro recorte igualmente típico. É notícia de *New York Times*, o mais sério e grave jornal da América. Conta que os moradores da rua Hudson, na cidade de Long Beach, mandaram fazer uma coleira de honra, com inscrições memorativas, para ser ofertada ao cachorrinho Boots na festa que lhe preparam.

– Herdaria ele 150 mil dólares?

– Boots fez mais. Boots evitou que a Long Beach Power Company erguesse postes de alta-tensão naquela rua, contra a vontade dos moradores. O caso é tipicamente americano, incompreensível fora daqui. Essa empresa elétrica estava em luta judiciária para assentar postes na rua Hudson, em oposição aos desejos ou interesses da cidade. Mas, por trica legal, se o assentamento fosse de surpresa, à noite, de modo que pelas oito horas do dia seguinte constituísse fato consumado, a companhia elétrica venceria a partida. Assim deliberando, a companhia preparou em segredo um exército de 350 operários munidos de 42 caminhões de material e, com pés de lã, pela calada da noite, iniciou o serviço de modo a tê-lo concluído antes das oito da manhã.

Os moradores da rua Hudson estavam nessa noite no melhor do sono, com exceção do pequenino Boots, o qual revelou mais zelo pelos interesses coletivos de Long Beach do que os seus habitantes bípedes. Quem tem inimigos não dorme, refletira Boots. Mal viu chegar aquele batalhão de operários cautelosos, na ponta dos pés, percebeu incontinênti que era manobra da Long Beach Power Company, aconselhada por algum astuto advogado. E sem esperar por mais rompeu numa tal algazarra de latidos que despertou o *Superviser*, acordou outros moradores e organizou a resistência. Os expedicionários da empresa elétrica tiveram de bater em retirada. Essa controvérsia terminou dias depois na corte judiciária com a vitória do ponto de vista da cidade, e como tudo viesse da oportuníssima ação de Boots, viu-se o cachorrinho guindado a herói, com retrato e biografia nos jornais. Logo depois recebeu uma coleirinha comemorativa – concluiu Mister Slang.

Dei uma gargalhada, isto é, comecei a dar uma gargalhada à moda indígena. Vi, porém, que estava numa terra onde receber um fato desses com uma gargalhada podia até ser caso de deportação por "atividades comunistas", e recolhi-a a tempo. Mister Slang compreendeu a minha manobra.

– Sim, meu amigo. Se quer viver feliz na América, não se mostre duro com os cães – nem desrespeitoso para com a americana. São dois dogmas muito sérios.

E continuou a rever os seus recortes.

– Aqui temos – disse ele logo depois – o caso duma moça da alta sociedade de São Francisco que em ação de divórcio foi acusada de gostar mais do seu cachorro do que do marido, do pai e do bebê. "É verdade que algum dia declarou isso?", perguntou-lhe o juiz; e a resposta foi: "Mais que do meu pai e do meu filhinho, eu nunca disse; mas que gosto mais do meu cachorro do que do meu marido, isso confesso".

Poucas respostas terão sido aceitas com maior aprovação por parte das americanas que têm *puppies*.[2]

Para a maioria delas a pergunta seria de todo ociosa se não incluísse também o papai e o bebê. Até esse ponto não levam o amor aos cães.

– Temos cá outro caso – continuou Mister Slang –, num telegrama de Washington sobre os funerais de Flannagan, um cachorrinho do Forte Myer, prisão militar. Esse freguês singularizou-se com deixar de vontade própria a boa vida que gozava na residência do coronel comandante para vir morar na casa da guarda, como se também fosse um condenado à reclusão. Durante seis anos ali viveu a mesma vida dos prisioneiros, só saindo quando eles seguiam, enfileirados, para a igreja, embora fosse livre de entrar e sair quando lhe aprouvesse. Morreu de velho e teve funerais sinceríssimos. Foi enterrado com todas as honras militares. Houve, enquanto o pequenino caixão descia à cova, marcha fúnebre de Chopin pela banda militar, salva de tiros, rufos de tambores.

Mister Slang ia voltando as páginas da sua coleção de casos caninos, que era bastante volumosa. Súbito, pesquei num dos recortes as palavras "Hot Springs"; e como já tivesse estado nessa estação de águas, que é o paraíso do Arkansas, interessei-me incontinênti.

---

[2] *Cachorrinhos novos. Nota da edição de 1946.*

– Que caso é esse, de Hot Springs? – perguntei.

– Caso vulgaríssimo – respondeu Mister Slang correndo os olhos pelo recorte –, coisa de todos os dias. Estava lá, em estação, o casal O'Neill, quando um telegrama de Hamilton, no Ontário, trouxe uma triste notícia: *"Cuddle's heart action is very low"*, o coração de Cuddle está parando. Logo depois um segundo despacho dava notícias da morte de Cuddle. *"Buy an expensive casquet and hold body until we arrive"*, comprem-lhe um luxuoso caixão e conservem o corpo até chegarmos, foi a resposta. Acrescenta o jornal que os O'Neill choraram publicamente ao receberem a triste nova. Em seguida Mister O'Neill mandou vir a toda pressa um avião que os levasse para junto do amiguinho morto – morto de saudades. Segundo informação de Mister O'Neill, Cuddle morrera de *broken heart* – coração partido. Não pudera suportar a ausência dos donos.

– Outro caso – disse Mister Slang tomando outro recorte. – Rags, cachorrinho que esteve na guerra, donde voltou herói, foi levado ao forte Hamilton para autografar a história da sua vida, registrada num livro preposto a figurar no British Imperial War Museum. Rags parece que não gostou da cerimônia; pelo menos não aprovou aquela exibição de aparelhos recolhedores do som, da imagem e dos movimentos, que viu engatilhados para fixarem os aspectos da solenidade. O *tic-tic* das câmaras cinematográficas e o *hullabaloo* geral fizeram-no sumir-se sub-repticiamente. Quando chegou a sua hora de entrar em cena o fotógrafo deu por falta dele.

– "Onde está Rags?" – indagou, olhando em redor.

– Ninguém sabia.

O general Holbrook, comandante da Primeira Divisão, ordenou o pega do herói, e o major Herdenberg, seu guardião, destacou vários soldados para isso. Quando voltaram com o homenageado, a assistência não pôde deixar de sorrir. Rags vinha com o nariz e a túnica sujos de carvão, pois fora encontrado na cozinha da fortaleza, deitado num monte de coque. Diz a notícia que Rags olhava para o público com o rabo dos olhos, visivelmente embaraçado, e que "corara", tanto quanto esse vexame pode ser notado num cachorrinho peludo.

– "Rags!" – começou o general em seu discurso. – "Durante doze anos tive o prazer de ver-te como mascote da Primeira Divisão. (Rags fez um movimento de cabeça, passando a língua pelos lábios.) Juntos estivemos em França, sendo eu o teu comandante. Estivemos em Soissons e Argonne. Quando teu *buddy*[3] foi ferido, permaneceste firme no posto, a guardá-lo até que chegassem socorros. Sinto grande prazer em que tua biografia fosse afinal escrita e muito me orgulho de vê-la prestes a figurar no Museu Inglês da Guerra, ao lado de tantas recordações de outros heróis."

Os olhos de Rags revelavam a sua nítida compreensão daquele discurso (diz o recorte). Em seguida o general tomou-lhe a pata e comprimiu-a numa almofadinha embebida em tinta de impressão, para autografar o livro com a sua marca digital.

Todos os presentes precipitaram-se para ver a assinatura do herói.

– "Está ótima para um cachorrinho que nunca teve estudos" – declarou Mister Jack Rohan, o organizador do livro biográfico.

Quando a assembleia se dissolveu, Rags voltou gloriosamente a deitar-se no monte de carvão.

Estas homenagens a cães com feitos heroicos são de tal modo frequentes que eu o enfadaria se fosse ler um décimo das que tenho aqui. Citarei mais uma apenas para fechar, porque é bem típica: a prestada ao cachorro que puxou o trenó do comandante Byrd na sua expedição ao polo e foi morto por um automóvel em Monroe. Teve enterro de primeira classe, com o acompanhamento de quatro mil meninos das escolas, autoridades locais, membros da Legião Americana e da Boy Scouts Association. Antes de descer à cova ficou o corpo de Unalaska (era o nome desse grande cachorro) em exposição até que todos os meninos desfilassem diante dele. Depois o chefe dos escoteiros apresentou à assistência Mister Carrol Foster, um dos companheiros de Byrd, o qual fez o elogio fúnebre.

– "Unalaska foi um notável cachorro do Norte, orgulhoso, bravo, incansável na luta para a conquista das terras polares,

---

[3] *Soldado companheiro. Nota da ediçãode 1946.*

CAPÍTULO III **43**

tendo ajudado eficazmente os trabalhos de transporte das toneladas de materiais que permitiram a Byrd o estabelecimento da base de operações graças à qual se operou a avançada ao polo. Industrioso, bom, terno e amável, Unalaska deixou um traço de glória na sua passagem pela Terra – e em glória desce ao túmulo. Quem não sente que sob este pedaço de chão dorme um herói?"

Findo o elogio, as cornetas dos escoteiros soaram em conjunto com os tambores, enquanto o caixão de veludo branco descia à cova recamada de flores. Ao longe, canhões de 75 salvavam. Coberta de terra a cova, um cedro foi plantado em cima, ao lado do qual os meninos depositaram uma grande grinalda de lírios com esta inscrição: *Our Hero*, Nosso Herói.

– Realmente, Mister Slang – exclamei eu, já bem instruído sobre o papel do cachorro naquele país. – Se ainda há aqui criaturas humanas que sofrem miséria, não creio, pelo que vejo, que isso aconteça com qualquer cão.

Vale a pena ser cachorro na América, não há dúvida...

– Cachorro ou mulher – corrigiu Mister Slang – e mais tarde verifiquei que ele tinha toda a razão.

Nesse mesmo dia, num passeio que fizemos pela cidade, tive ainda ensejo de voltar ao assunto "cachorro". Foi ao passarmos por um certo consultório de dentista.

– Doutor Clyde Basehoar – explicou-me Mister Slang. – Este homem abriu, tempos atrás, um gabinete dentário sui generis, exclusivamente para cães, com cadeira e todos os mais petrechos desenhados e construídos especialmente para a clientela canina. Acha ele que não há motivo para descurarmos dos dentes dos cães, visto como estão sujeitos a muitos dos males que perseguem os dentes humanos. Tem sido muito feliz na sua novidade e já foi obrigado a admitir alguns ajudantes. O exemplo está sendo seguido por outras cidades, inclusive Hollywood, e breve tais gabinetes estarão espalhados por todas as cidades americanas.

Estamos na idade do cão, meu caro. Os grandes transatlânticos dispõem de canis muito confortáveis para os cães itinerantes, bem como de salva-vidas especiais, adaptáveis aos corpinhos deles. Em muitas cidades existem *beauty parlours* caninos – salões de beleza, coisa que até bem pouco tempo era privativa das mulheres. Ali vão lavar-se, pentear-se, encaracolar os pelos em ondulações permanentes. Hospitais, asilos e clínicas caninas, isso é coisa velha, que abunda por toda parte. Nas lojas mais importantes de Nova York vi seções de artigos para cães. Tudo o que eles usam ou podem usar ali se encontra, desde alimentos especiais, remédios, túnicas, coleiras e outros artigos de indumentária até brinquedos, como, por exemplo, ossos de matéria plástica, imitando admiravelmente o velho osso natural que os cães roem desde o tempo de NeMisterod.

Em compensação os juízes condenam a penas várias os cães que cometem crimes. Já acompanhei vários casos, uns de condenação à morte, outros de detenção e multa – a qual recai sobre o dono. Em fevereiro deste ano, em Nova York, um cachorrinho foi condenado como cúmplice dum sujeito que por seu intermédio furtava as bolas caídas fora dum campo de golfe.

– Mas confina-se aos cães esse amor dos americanos aos bichinhos? – perguntei.

– Estende-se também aos gatos e aos pássaros e aos esquilos. Há dias li dum indivíduo de Peekskill multado em 77 dólares por ter atirado num *robin*, que é o mesmo sabiá que vocês têm no Brasil. As leis do estado de Nova York proíbem a caça aos pássaros cantores. Nessa mesma notícia vinha um apêndice frisando que em três semanas 3.300 dólares de multa haviam sido arrecadados dos caçadores de Westchester, por matarem *robins*.

– Donde se conclui que... – provoquei eu, apesar de saber que Mister Slang não tinha a conclusão fácil.

– Que são cinco horas – respondeu ele puxando o relógio –, e que tenho um encontro marcado. Apareça mais vezes. Fico em Washington por poucos dias. Já visitou o monumento de Lincoln? Bem. Serei seu companheiro nessa homenagem, amanhã pela manhã. Esteja cá às nove horas. Adeus.

CAPÍTULO IV

A cidade que não nasceu ao acaso. Lincoln e Washington, o que fez e o que manteve. A religiosa impressão que o monumento de Lincoln causa. Opinião de Mister Slang sobre a caridade.

Washington é uma cidade única.

Foi construída e vai se desenvolvendo de acordo com um plano predeterminado. Todas as cidades do mundo nascem ao acaso das exigências do comércio, sem que nunca a menor previsão sobre o seu futuro desenvolvimento haja ocorrido ao espírito dos ocasionais fundadores. Daí os tremendos problemas urbanos que atormentam os legisladores municipais quando uma dessas sementes de cidade se desenvolve em metrópole. As ruas estreitas e tortuosas do "centro", ou a parte velha, atestam-no pelo mundo inteiro.

Washington escapa a essa formação clássica. Foi primeiro planejada e depois erigida. Vem daí a estranha sensação que Washington causa a todos os visitantes, de qualquer parte do globo que procedem – menos de Belo Horizonte.

Logo ao chegar chocam o visitante as proporções desmarcadas da Union Station, imensa mesmo para esta América onde é tudo imenso. E começa ali a primeira lição cívica – uma frase de Samuel Johnson gravada sobre os portais:

He that would bring home the wealth of the Indies must carry the wealth of the Indies with him, so it is in travelling – a man must carry knowledge with him if he would bring home knowledge.

Não se traduza essa legenda, que fica infantil e ridícula. Há no inglês mil coisas que não podem vestir-se à portuguesa – degeneram em caricatura. Expressões de mundos com mentalidades polares, vestir com palavras lusas um sutil pensamento pensado por cérebro inglês é substituir os sapatinhos de cristal de Cinderela por tamanquinhos. Está claro que um par de tamanquinhos é rigorosamente sucedâneo de um par de sapatinhos de cristal, isto é, tradu-lo portuguesmente bem, mas...

Washington é um símbolo de pedra. A história americana está toda ali. Basta uma visita à cidade para que os fatos capitais da formação política da América se desenhem para sempre em nosso espírito. Daí a forte reamericanização que sofrem os americanos de visita à capital. Saem de Washington mais americanos, mais exaltados na tremenda fé em si próprios que acima de tudo os caracteriza. Povo eleito para os mais altos destinos, Washington é o crisol místico onde se sublima essa fé cega. *From Washington we go home better Americans.*[4]

Tudo amplo, largo, claro, sólido, arejado. Tudo histórico, na pedra dos monumentos, no bronze das estátuas, nas inscrições abundantíssimas, no maravilhoso cemitério de Arlington. A Biblioteca do Congresso é menos uma biblioteca que o maior templo que ainda se erigiu em homenagem ao livro na sua qualidade de calado cofre de tudo quanto a humanidade pensou até aqui. O magnificente Capitólio, bem como todos os mais monumentos da cidade, constituem Almoxarifados da Fama, de tal forma com estátuas, bustos de bronze e mármore, inscrições, quadros e símbolos, os homens que construíram o país estão neles memorados.

Só Washington americaniza. O filho de New England, que sempre olhou do alto aos nativos dos estados do Sul, bem como o homem do Kentucky, que torce o nariz aos filhos de Connecticut, recebem de Washington, por mil vias, a lição de que não há New England, nem Kentucky, nem Connecticut, mas apenas a América que Washington forjou de fragmentos esparsos e Lincoln impediu que se quebrasse.

George Washington e Lincoln – em que país dois homens subiram tanto? Já passaram de homens a semideuses. Pelo país inteiro não existem nomes mais popularizados em praças, ruas, pontes, estátuas, memoriais. Nas escolas tornam-se obsessão.

---

[4] *Saímos de Washington americanos melhores. Nota da edição de 1946.*

Seus retratos nas paredes, nos livros, nos selos, nos reclames comerciais, fizeram de ambos verdadeiros signos simbólicos, de uso e consumo diários. Consome-se Lincoln como se consome *hot dog*. Consome-se George Washington como se consome sorvete. Citações de seus discursos históricos, anedotas, ditos agudos, visões washingtonianas da política geral circulam no país como moeda de troco miúdo.

Na alta política inda é o pensamento dos dois que conta como o argumento decisivo. A retração dos Estados Unidos dos negócios europeus, contra o parecer de todos os grandes estadistas tanto europeus como americanos, tem base no aviso de George Washington dado num dos seus discursos. As palavras de Lincoln em Gettysburg valem como uma espécie de Tábua de Moisés aos hebreus – e é realmente a mais bela coisa que um coração humano já produziu.

Naquele dia, quando apareci no hotel em procura de Mister Slang, já o encontrei no *hall*, pronto para partir.

– Viva! – exclamou ao ver-me. – Como vai a sua americanização?

– Rápida, Mister Slang – respondi sorrindo. – Esta cidade é uma pura insídia. Está inteirinha feita sob medida, dosadamente, calculadamente, maquiavelicamente armada como arapuca para americanizar quem chega.

Eu já ouvira dizer isto, mas julguei que fosse exagero. Com três dias de estada, porém, pude verificar que a insídia é ainda maior do que dizem. Sem ter aberto um só livro, creio que assimilei, pelo menos, metade da história americana. Já sei quem foi Sherman, Hamüton, Steuben, Jackson...

– E Lincoln, sabe quem foi?

– Que pergunta, Mister Slang! De Lincoln já sabia tudo antes de aqui chegar. O velho Abe...

– Engano seu, meu amigo. Antes de visitar o Lincoln Memorial ninguém pode dizer que conhece Lincoln. Lá você vai *sentir* Lincoln – e compreenderá muita coisa daí por diante.

– Pois vamos então sentir Lincoln, Mister Slang.

Fomos. Ergue-se à margem do Potomac esse templo grego de mármore branco, a refletir suas 36 colunas jônicas (cada qual representando um estado da União como era ao tempo

CAPÍTULO IV   **49**

da morte do sublime Abe) no espelho do grande lago que o defronta. As linhas são rigorosamente gregas. Henry Bacon, o arquiteto, achou – e todos concordaram com o achado – que só a majestade das linhas helênicas poderia afinar com a majestade das linhas morais daquele homem.

Memorial de Lincoln *

Há o lago, um perfeito espelho retangular com moldura de grama, e cerejeiras, as quais, na estação própria, japonizam de róseo o ambiente. Depois, a escadaria imensa, com o templo grego no alto. Meus olhos poucas coisas ainda viram que emanasse maior beleza pura. Não procurarei definir em que consiste a beleza pura. Falharam na tentativa filósofos e estetas da mais subida acuidade. É sensação indefinível. Senti-a porém ali em toda a plenitude.

E dentro? Oh, dentro... Dentro está o ídolo, simbolizado em mármore na colossal estátua de Chester French. Sentada em atitude de quem medita, a figura de Lincoln causa ao visitante impressão que jamais se apaga. Majestade, sem ser a dos reis – majestade da Razão, da Bondade, da Humanidade, da Retidão, da simplicidade de alma.

* *Foram incluídas nesta edição a imagem desta página e as imagens das páginas 53, 90, 91, 105, 114, 116, 119, 134, 223, 234, 236 e 240, publicadas na 1ª edição de 1932.*

Confesso que me senti como se houvesse ingerido qualquer alcaloide desses que transformam o equilíbrio normal das faculdades. Senti-me cocainizado...

– Não o dizia eu? – cochichou-me Mister Slang ao ouvido, porque diante do semideus até a voz nos falha e só é possível conversa em tom de murmúrio. – Só aqui sentimos Lincoln e só aqui se torna compreensível a força com que esse homem, hoje puro símbolo, domina 120 milhões de criaturas. Para mim Lincoln é apenas o signo da Força Moral. Este monumento, menos ao homem que ele foi, ao presidente, ao libertador dos escravos, homenageia em mármore a força das forças – a Força Moral.

– De fato – sussurrei a medo, receoso de que a vibração da minha voz quebrasse o equilíbrio ambiente, ou alguma observação imprópria, demasiado profana, arrancasse da estátua um olhar de bondosa censura. – Acho que...

– Não ache coisa nenhuma – interrompeu-me Mister Slang. – Absorva esta atmosfera que jamais encontrará noutra parte e complete a sensação lendo as inscrições que cobrem as paredes.

Aceitei o conselho. Li no *hall*, ao sul, o tão famoso discurso de Gettysburg, na realidade o poema da emoção mais alta. No *hall* do norte está gravada a Segunda Mensagem Inaugural, que Lincoln apresentou depois da sua reeleição para a Presidência. Li-a como o puritano lê a Bíblia, ou o budista absorve a palavra de Gautama. Em seguida meus olhos embeberam-se nas pinturas simbólicas de Jules Guerin, *Libertação e Liberdade*. E mais símbolos – da Fé, da Esperança, da Caridade, da Unidade, da Fraternidade, das Artes – Pintura, Escultura, Arquitetura, Música, Literatura, Filosofia e Química. Eu quis louvar a inclusão da Química entre as grandes artes, por ser a primeira vez que a via ombreando com as artes clássicas, mas Mister Slang gelou-me com um *psst*. Estava pensativo, de olhos absortos num grupo representando a Caridade – onde uma mulher dava a água da vida a aleijados, cegos e órfãos.

– Não sei se vencerá a ideia moderna do "inútil da caridade" – disse ele. – A não ser que a química e a eugenia nos deem novas bases à vida, sempre há de haver aleijados e cegos e órfãos, como estes aqui representados – e fora do sentimento da caridade, que dá a esses pobrezinhos solícitos tutores, como lhes assegurar a sobrevivência?

– E para que assegurar-lhes a sobrevivência? – adverti eu em tom de quem houvesse ingerido pela manhã uma omelete de leis espartanas preparada na caçarola de Nietzsche.

– Sim, seria essa a solução científica – filosofou Mister Slang –, mas até aqui a Ciência só foi praticada pelas abelhas. Será o homem suscetível de suportar soluções científicas?

Do monumento de Lincoln se avista o obelisco de George Washington, cuja colocação na capital americana obedece, como tudo o mais, a uma intenção. Para lá nos dirigimos – Mister Slang calado, pensativo, ainda sob a impressão que lhe causara a visita a Lincoln, e eu loquaz, a achar coisas. Súbito, o meu finíssimo inglês interrompeu-me:

– Pare de achar, homem! Desse modo você acaba perdendo-se...

Vi que de fato acabaria perdendo-me no conceito daquele grande amigo – e sabiamente silenciei.

Sala de leitura na Biblioteca do Congresso

CAPÍTULO V

Um monumento de 555 pés, cinco polegadas e um oitavo. Incapacidade orgânica para mentir. Pedras e mais pedras. A boa marca de *whiskey* que Grant usava. Entrada triunfal de Lincoln em Richmond.

O monumento a Washington é
símbolo de outro tipo. Obelisco de pedra, de 555 pés, cinco
polegadas e um oitavo de altura. A precisão do americano não
perdoa, já não digo as cinco polegadas, mas até aquele oitavo de polegada. Impliquei-me com aquilo e pilheriei. Mister
Slang respondeu:

– Que quer você que eles façam, meu amigo? O obelisco
mede, de fato, 555 pés, cinco polegadas e um oitavo. Quem
disser que tem só pés, mente, e lesa de alguma coisa o general
Washington. Lembre-se que Washington não mentia. A velha
história da cerejeira que ele cortou com o seu machadinho,
em menino, é dogma na América. Em casa tenho um desenho de E. T. Reed com o título: "George Washington procurando dizer uma mentira", que é um primor caricatural.
Vemo-lo numa reunião política onde tem de ser político, isto
é, emitir uma das forçadas mentiras convencionais em que
a vida social ou política se baseia. Mas Washington não tem
prática, não sabe por onde começar a mentir – e o desenhis-
ta retraça com grandes doses de humor o seu embaraço, bem
como o prazer dos assistentes à espera da mentira forçada. Essas cinco polegadas e um oitavo constituem a meu ver a mais
bela homenagem que os americanos prestaram a George.
Respeite-a.

CAPÍTULO V **55**

George Washington procurando dizer uma mentira. *(Desenho de E. T. Reed)*

Respeitei-a, e tratei de subir ao topo do obelisco. Para lá chegar há uma escada de novecentos degraus, destinada aos que pretendem emagrecer, e um elevador para uso dos que estão contentes com o seu peso. Tomamos o elevador. Subimos. Vimos o maravilhoso panorama da capital através dos quatro pares de aberturas que existem no topo, cada par dando para um dos pontos cardeais. Olhado lá de cima, o rio Potomac é uma gigantesca anaconda de infindas voltas, a envolver nas suas roscas de prata a capital americana. Ao fundo, as montanhas azuis da Virgínia.

Na forma do costume, o monumento é lição de história – e até de geografia e petrografia. Pelos inúmeros patamares da escadaria por onde descemos há pedras memorativas de variadas fontes, representando quarenta estados, sessenta cidades, lojas de maçonaria, sociedades como a dos Filhos da Temperança (que deu origem à Lei Seca), sociedades políticas, sociedades científicas, corpos de bombeiros, escolas públicas etc. Pedras do campo de Braddock, do campo de batalha de Long Island, do mais alto pico da Virgínia, das ruínas de Cartago, do templo de Esculápio na ilha de Paros, da Biblioteca de Alexandria incendiada por Omar, do Vesúvio, do Partenon, da ermida de Guilherme Tell, e ainda de países como China, Turquia, Japão, Brasil, Sião, e até da nação cheroquesa, ou Cherokee Nation, como chamam a esse grupo de aborígines da América do Norte.

Ao descermos do obelisco ficamos uns minutos em muda contemplação, certos de que em país nenhum do mundo dois monumentos assim ligados pela perspectiva dirão tanto ao espírito. Washington e Lincoln! A América aglomerou-se e consolidou-se por mãos deles... e obra tão sólida fizeram que cada vez mais é esse cimento o que cimenta, e a diretriz que traçaram é a grande diretriz. Que país da terra deve tanto a dois homens?

– Lincoln – disse Mister Slang – era o tipo do que chamamos *wise man*. Além disso, humorista. Seu anedotário é dos mais ricos. Uma vez acusaram o general Grant de ser o maior bêbedo do Exército da União em luta contra os confederados de Lee. Tais provas dessa bebedice apresentou a delegação empenhada na destituição de Grant, que Lincoln teve de dar despacho ao pedido. "Que é que Grant bebe?", perguntou ele.

"*Whiskey*, e em enormes quantidades", responderam pres-

CAPÍTULO V 57

surosos os delegados. "Bem", tornou Lincoln, "tratem-me agora de saber de que marca, pois preciso mandar uma caixa desse *whiskey* a cada um dos outros generais da União", querendo dizer com isso que talvez naquela marca de *whiskey* estivesse o segredo das contínuas vitórias de Grant.

Mister Slang contou-me ainda numerosos casos do grande Abe, todos denunciativos da sua natural e adquirida sabedoria, bem como do seu fino senso de humor. Por todo o caminho, até ao hotel, o assunto foi esse, e ainda esse lá. Quis ler-me uma impressão de Carl Schurz sobre a entrada de Lincoln em Richmond, depois que esse reduto dos confederados caiu nas mãos dos unionistas. As coisas feitas do natural, diretamente, têm um sabor de vida que não se apaga nunca, por mais que a lixa dos anos lhes corra por cima. Assim me pareceu aquele testemunho ocular, que aqui ponho.

"Richmond caiu", diz Schurz. "Lincoln entrou na cidade a pé, acompanhado de poucos oficiais e do grupo de marinheiros que o haviam trazido da flotilha de James River à praia, com um negro apanhado pelo caminho a servir-lhe de guia. Jamais o mundo viu conquistador mais modesto, nem mais característica marcha triunfal – sem batalhões, sem bandeiras, sem tambores. Apenas o seguia a multidão de negros que a queda de Richmond restituíra à liberdade. Essas pobres criaturas o acompanhavam gritando, dançando, pulando, comprimindo-se-lhe em redor para vê-lo, beijar-lhe a mão e a surrada sobrecasaca, enquanto lágrimas desciam pelas faces maceradas do presidente."

A história da humanidade está cheia de entradas triunfais. Césares, Alexandres, Napoleões, Moltkes, todos os tigres de coroa, quepe ou capacete, embebedam-se com o vinho da vitória quando chega o momento supremo da apoteose – a entrada triunfal na cidade, praça ou país esmagado. Os romanos foram mestres em tal encenação. Chegaram a trazer reis atados aos seus carros de triunfo – mas nenhum César jamais chorou. Só chorou Lincoln, o condutor de uma das maiores guerras que a história registra. Lágrimas de vitorioso, causadas pela euforia do triunfo? Não. Lágrimas de Lincoln. Lágrimas de piedade, de dó, de dor ante os extremos a que a incompreensão dos seus verdadeiros interesses arrasta os pobres seres humanos.

CAPÍTULO VI

Homens e livros. Reminiscências duma palestra no Corcovado. As pontas dos fios. A riqueza da Biblioteca do Congresso. Hércules e Ônfale. Como se formam palavras.

Um país se faz com homens e livros. Minha visita aos monumentos de George Washington e Lincoln provou-me que a América tinha homens. Ter homens, para um país, é ter Washingtons e Lincolns, forças tão marcantes que sobre sua obra não pode a morte. Viva quanto viver a América, seus dois heróis viverão com ela, dia a dia mais sublimados. Já nem mais são homens hoje, decênios passados do desaparecimento da cena, mas semideuses. Crescem sempre. Divinizam-se. Em torno destas pilastras a América se cristalizou. Nas maiores crises morais nunca lhe faltará o apoio do general que não mentia e do lenhador que impediu a destruição da obra do general.

Com homens e livros. Nos livros está fixada toda a experiência humana. É por meio deles que os avanços do espírito se perpetuam. Um livro é uma ponta de fio que diz: "Aqui parei; toma-me e continua, leitor". "Platão pensou até aqui; toma o fio do seu pensamento e continua, Spinoza."

Mister Slang certa vez me disse que o homem só tinha duas criações: a invenção do alfabeto e a descoberta do fogo. O alfabeto permitiu o acúmulo da experiência individual; o fogo abriu caminho para a dominação da natureza.

– Compreendo bem a primeira parte, mas tenho dúvidas sobre a segunda – objetei eu.

Fora isso no Rio, no alto do Corcovado, por uma linda tarde de ar sutil. Mister Slang não me respondeu de pronto. Fez uma pausa. Por fim disse:

– Basta por hoje que compreenda a primeira parte. A segunda compreenderá por si mesmo, se acaso for ter a um país de alta civilização industrial. Só num país de alta civilização industrial a coisa se fará tão evidente que você a apreenderá sem o auxílio dos meus óculos.

O Destino me havia posto na América, país de alta civilização industrial, e pois eu estava próximo de, ou pelo menos apto para, compreender a segunda parte do axioma do meu amigo. E afinal a compreendi sem o auxílio dos seus óculos. Sim, fora realmente o fogo a magna descoberta que... Mas não antecipemos. Fique o fogo para mais tarde. Estávamos a caminho da Biblioteca do Congresso – o maior templo que ainda se erigiu ao livro, e não convinha ali lidar com fogo.

– Ei-la – disse Mister Slang apontando para o colossal monumento. – Há lá dentro, catalogados, à disposição de quem as queira consultar, 3.890.096 coisas impressas – livros, mapas, músicas, sem contar os manuscritos. Ora, isso quer dizer que há ali mais de quatro milhões de pontas de fio. Quatro milhões de vidas passadas no estudo e na elaboração escrita da experiência pessoal armazenaram nesta biblioteca a súmula do seu esforço. Filósofos, cientistas, artistas – a gente toda que faz uso do cérebro e que, havendo tomado as pontas dos fios legados pelos avós, encompridou-as um pouco mais e legou aos netos as novas pontas por onde continuem o novelo sem-fim.

Admirei o monumento com todos os ímpetos da minha capacidade de admiração arquitetônica, embora a sua real grandeza não estivesse na fachada, sim no miolo. Quatro milhões de pontas!...

– E por que lhe chamam Biblioteca do Congresso? – perguntei.

– Parece que a ideia foi não permitir escusa de ignorância aos legisladores. Com tal base de experiência humana ao alcance, caso não legislem a contento não será por falta de meios informativos. O "não sei", o "não sabia" fica desse modo proibido. Esta imensa mole de livros, deliberadamente ereta diante da casa dos legisladores, põe-nos em bem dura situação. Talvez a malícia de Lincoln haja colaborado nisso...

Tudo ali são símbolos. A Casa das Pontas não passa duma casa de símbolos. No topo do domo central, que compõe ao modo clássico a massa do edifício, flameja um Archote da Ciência. Sobre as janelas veem-se esculpidas 33 cabeças representando as raças humanas e no pavilhão de entrada temos enormes bustos de grandes filhos duma dessas 33 raças – a única que conta para a América. São eles Emerson e Irving, o primeiro grande pensador americano e o escritor de maior perfeição de forma e ideia de que a América se orgulha, Irving! Quem não leu *The stout gentleman* é feliz – tem em reserva algo delicioso a fazer. E depois, Goethe e Franklin, Macaulay e Hawthorne, Scott e Demóstenes, Shakespeare e Dante.

Portas de bronze nas três entradas representam a Imprensa – "Minerva presidindo à difusão dos produtos da arte gráfica". E painéis com alegorizações da Inteligência Humana, da Escrita, da Verdade, da Pesquisa, da Tradição, da Memória, da Imaginação.

Mais adiante, um vestíbulo com esculturas de Minerva na sua feição dual de deusa da Guerra (defensiva, note-se) e de deusa da Sabedoria.

Depois, a escadaria. Esplêndida! Altas colunas coríntias suportando arcadas ricas de ornamento esculpido dão fundo à escadaria de mármore, desdobrada em dois lanços, com luxuosos balaústres. O teto em abóbada ergue-se a 72 pés e o chão figura a rosa dos ventos a irradiar dum sol estilizado e rodeado dos signos do Zodíaco, tudo de bronze embutido em mármore. Um arco memorativo, com figuras de estudantes. Suportes de lâmpadas de bronze, majestáticos. E citações famosas. E nome de autores. E esvoaçantes figuras simbólicas no *plafond*. E as marcas usadas pelos mais celebrados impressores. Um mar de símbolos, uma ânsia de juntar tudo quanto a imaginação humana pôde conceber para adorar o Livro e a arte do Livro e os autores dos livros famosos. Tudo obra da colaboração de centenares de artistas tomados dos mais notáveis da Europa e da América, pintores, escultores, imagistas, paineladores, arquitetos, entalhadores. Positivamente estávamos na Catedral do Livro, outra São Pedro de Roma em que o Deus adorado era a Ponta do Fio, como dissera o meu inglês.

– Estou meio tonto, Mister Slang – murmurei. – Acho que quem vem a esta biblioteca não tem tempo de abrir um livro. Há coisas demais para distraí-lo e ocupar-lhe a atenção.

– E que é a biblioteca em si senão um livro – e o primeiro a ser consultado? A única diferença está em que não é um livro de papel. Não está lendo mil coisas nestes mármores? Acho que esta biblioteca foi o primeiro grande livro composto pela América. Só tem um defeito: para que o possamos *ler* é mister havermos lido alguns dos livros de papel que estão cá dentro. Sem isso limitamo-nos a *vê-lo*.

– Pois subamos a escadaria para *ver* o primeiro capítulo. Isto aqui me parece o prefácio.

Subimos ao South Hall. Continuava lá a orgia simbólica. Deram-me logo na vista o grande painel da Poesia Lírica, e os outros seis que comemoram as vitoriosas adolescências descritas em poemas de fama, o Uriel, de Emerson; o Comus de Milton; o Adônis de Shakespeare; o Ganimedes de Tennyson; o Endimião de Keats.

– Terra da mocidade que é a América, estou gostando de ver esta homenagem à mocidade – exclamei eu, sempre ansioso por deitar fora as niquices que me ocorriam.

– E ali está um belo símbolo da Alegria e da Memória.

– A Alegria... – murmurei, contente de vê-la afinal tomada em conta. E foi sorrindo que me dirigi para o Corredor Sul, onde vi os heróis gregos pintados por Mac Ewen – Páris na corte de Menelau; Teseu abandonando Ariadne adormecida; Prometeu prevenindo seu irmão contra a malícia de Pandora; Aquiles ao ser descoberto por Ulisses quando se disfarçou em rapariga; Minerva dando a Belerofonte o freio de Pégaso; Perseu com a cabeça da Górgona; Jasão mobilizando os argonautas para a conquista do tosão de ouro; Orfeu assassinado pelas Bacantes; o pobre Hércules segurando a roca de Ônfale...

– *Hello*, Mister Slang! – exclamei nesse ponto, arregalando os olhos. – Isto aqui está o perfeito símbolo da América. O homem de cá, este Hércules, não faz outra coisa. Não acha a mulher americana uma perfeita Ônfale?

– A primeira impressão é essa – respondeu ele. – Com mais demora no país verá que ambos seguram a roca. Talvez seja a

América o único país no mundo em que o carro da vida é igualmente puxado a dois, pelo macho e pela fêmea.

Adiante, a ala de leitura dos congressistas. Mosaicos representando a Lei e a História. No *plafond*, pinturas figurando as sete cores do espectro.

Quis observar que talvez houvessem os americanos cozinhado ali a Lei Seca, mas falhei. Mister Slang dera duas pernadas na direção do East Hall.

– Temos cá – disse ele – diversas pinturas representando a Evolução do Livro. Toda uma série. Primeiro, um monte de pedras erguido pelo homem pré-histórico – única forma de fixar qualquer coisa de que eles dispunham. Depois, a Tradição Oral – um contador de histórias do Oriente. Adiante, os hieróglifos dum túmulo egípcio. E a Pictografia, isto é, a escrita por meio de pinturas, dos índios americanos. E o manuscrito da Idade Média. E, finalmente, o prelo de impressão. Está contente?

– Estou com fome! – berrei. – Um café agora, com sanduíche de manteiga de amendoim, me saberia melhor do que mais uma dúzia de painéis.

– No alto temos uma *cafetíria*.[5] Procure dominar o estômago.

– Por falar em *"cafetíria"*, Mister Slang, sabe, por acaso, como se formou esta palavra? Vejo a América inteira coberta de *"cafetírias"*, que todos os brasileiros recém-chegados teimam em pronunciar à brasileira – "cafeteria".

– Formou-se como se formam todas as palavras – por necessidade. Um sujeito em Nova York abriu certo dia um restaurante dum tipo novo lá imaginado por ele. Como não fosse restaurante igual aos outros, vacilou em dar-lhe este nome. Como vacilou em dar o nome de café, porque um café é outra coisa. Em vez de consultar alguma academia de letras, esse homem compôs ele mesmo a palavra necessária, tomando como ponto de partida o café. Mudou o final da palavra para indicar que era café e mais alguma coisa. Saiu *"cafitíria"*, como poderia ter saído outra barbaridade semelhante. Conduziu bem a casa, teve sucesso comercial. Abriu outra, atribuindo ao nome pintado na tabuleta alguma virtude mágica. Venceu. Prospe-

---

[5] *Do ingles* cafeteria, *aqui grafada como se fala em português, com acento agudo no "i". Nota da edição de 2009.*

rou. Foi imitado – e temos assim a América inteira coalhada de *caf'tírias* – o restaurante onde o freguês se serve a si próprio. Ignoro como o inventor da palavra a pronunciava; talvez fosse como vocês recém-chegados querem. Mas o freguês americano passou logo a pronunciá-la de acordo com o gênio da língua do país – caf'tíria, e assim ficou. Mas vejamos a antecâmara desta sala de leitura, que é curiosa.

Lá dei com cinco painéis cujo tema era o Governo da República. Representam o Governo, a Boa Administração, a Paz e a Prosperidade, a Legislação Corrupta e a Anarquia.

Gostei da originalidade quanto à penúltima, tão frequente e nunca lembrada. Gostei mais que dos painéis do North Hall, cujos temas me pareceram um tanto surrados – Família, Religião, Trabalho, embora já o não fossem os dois restantes, Recreação e Descanso.

Depois, no Corredor Norte, esbarrei com as nove musas clássicas revestidas da tralha inteira dos seus atributos.

– Para a *"cafetíria"* agora, Mister Slang? – perguntei ainda com o painel do Descanso na retentiva e já farto de musas.

– Inda não. Temos o segundo andar.

CAPÍTULO VII

Descanso numa sílaba de carne e osso. Painéis, alegorias, símbolos. Peggy e Beryl. *Ain't it sweet?* O ponto fraco dum espírito forte. Verbo feito dum pedaço de outro verbo. Língua protecionista.

Engoli um *uf!* de desânimo. Tudo que é excessivo, por bom que seja, *nocet*. Cérebro é como estômago. Tem capacidade limitada. Tanta estátua, tanta coluna, tanto painel, tanto mármore, tanto herói grego, tanta musa, tanta sabedoria nas inscrições e nas palavras do meu companheiro acabaram por me provocar um abarrotamento cerebral desses que pedem aspirina e cama. Ia reclamar aspirina e cama, quando algo equivalente passou por mim sob forma duma *girl* de cabelos louros, linda, da nervosa lindeza das americanas típicas. Eu cruzara-me naquele dia com centenas delas, sem que lhes desse mais que um indiferente volver d'olhos. Por que motivo estava agora aquela a impressionar-me? Seria acaso musa fugida da aluvião de painéis? Interroguei meu guia.

– Não há nada de extraordinário nessa moça – respondeu Mister Slang. – Valem-na todas as outras que já passaram por nós hoje. Dá-se, porém, que seu cérebro cansado está pedindo repouso – e uma das formas de repousar é mudar de cavalo. Notei isso no Brasil, uma vez que fui de Congonhas a uma cidadezinha seis léguas distante. Seis léguas é muito para um mau cavaleiro da minha marca. Entretanto, como tinha interesse em fazer o percurso num dia, consultei meu capataz no meio da viagem. "Estou moído, João, e tenho ainda três léguas pela frente. Que me aconselha?" "Trocar de cavalo", foi a sua resposta. Assim fiz, e cheguei a destino muito menos moído do que esperava.

Admirei a sabedoria do meu inglês e dei-lhe toda a razão. Aquela deliciosa *girl* prestara-me serviço idêntico ao do segundo cavalo de Mister Slang. Como ela estivesse ali com os mesmos fins que eu, isto é, de visita ao Livro de Pedra, pude tê-la ao alcance dos olhos durante todo o tempo em que Mister Slang me mostrava as maravilhas do segundo andar. Ia ouvindo as suas explanações e fingindo acompanhar com os olhos as suas apontadelas de beiço e dedo, mas de fato sorrateiramente acompanhando a preciosa *miss*. Consegui assim refazer-me do cansaço, sem recurso a nenhuma aspirina de farmácia. Quando, por fim, a perdi de vista, estava eu refeito, e apto, evidentemente, para devorar as três léguas restantes.

– Ali – dizia Mister Slang – temos as pinturas figurando as *Virtudes*, em estilo pompeano. A *Fortitude*, veja, está vestida de armadura. A *Justiça* suporta um globo e segura uma espada. A *Indústria* lida com uma roca. A *Concórdia* derrama duma cornucópia o trigo simbólico da paz.

A minha aspirina loura estava nesse momento toda olhos para os Sentidos, simbolizados no *plafond*. Muito parecida com a Anita Page, uma das minhas namoradas da tela. O mesmo nariz, os mesmos olhos...

E passamos para o Corredor Leste, onde me foram mostradas as pinturas do teto – mulheres esvoaçantes, figurando departamentos da Literatura, e painéis de Mackay – as Três Parcas tecendo, puxando e cortando o fio da Vida, além de retratos de Prescott e Audubon nas paredes. Pulamos o grande mosaico de Minerva como deusa da Sabedoria e fomos ver as Virtudes do Corredor Sul. Lá estava o Patriotismo trazendo no braço a águia americana, que ele alimenta com o que está dentro dum vaso de ouro; a Coragem, de capacete, espada e escudo; a Temperança, despejando água, não ardente, num pichel; a Prudência, com o seu espelho simbólico ao lado da cobra; as quatro estações e mais duas Sibilas.

A minha sibila também estava a admirar aquelas Virtudes. Dizer que o Acaso a fazia acompanhar-nos de sala em sala seria abusar da licença poética, como seria falso dizer que ela nos seguia. Terceira hipótese, sim, era a verdadeira: nós a seguíamos, eu intencionalmente; o pobre Mister Slang, por mim conduzido sem o perceber. Os olhos da Anita Page estavam postos nas Sibilas quando uma conhecida lhe veio ao encontro.

– *Hello, Peggy!*

– *Beryl dear...*

Entramos pelo Corredor Oeste, onde vimos as Ciências de Shirlaw, e dele passamos à Galeria Sudoeste, cheia de Artes e Ciências pintadas por Cox e Ingen. E vimos alegorias à Aventura, à Descoberta e Colonização da América. No teto, mais Virtudes – Coragem, Valor, Firmeza, Realização, todas sob formas femininas. O que vi nos pavilhões e galerias sucessivas já não me lembro bem – os Quatro Elementos, Guerra e Paz, Música, que sei eu!...

Afinal alcançamos o imenso salão central de leitura. Redondo, 100 pés de diâmetro, 125 de altura, pilares em feixe de colunas, janelas amplíssimas. Tudo mármore – o mármore negro do Tennessee, o vermelho da Numídia, o amarelo de Siena. Os ornamentos do domo, imitantes a marfim velho, constavam de mulheres suportando cornucópias e figuras de adolescentes alados, com guirlandas e grinaldas, archotes e lâmpadas, cisnes e águias, delfins e arabescos...

– Não sei como se possa ler numa sala destas, Mister Slang. Dizem que a gente se acostuma e acaba esquecendo toda esta riqueza e grandeza para só ver o livro que pedimos. Mas eu não o juraria antes de fazer a experiência.

– A prova do contrário tem você diante dos olhos. Não está vendo centenas de leitores absorvidos nos livros, totalmente alheios ao ambiente?

Só então notei que havia gente na sala, e muita gente, como é usual em todas as bibliotecas americanas. Liam. Estudavam. Era espantoso...

Circundando a rotunda, oito enormes estátuas simbólicas, ladeadas dos bustos de bronze dos frequentadores de biblioteca que ficaram famosos na história humana pelas suas realizações. A Religião e, lado a lado, Moisés e São Paulo. Comércio – e Colombo e Fulton.

História – e Heródoto e Gibbon. Arte – e Michelangelo e Beethoven. Filosofia – e Platão e Bacon. Poesia – e Homero e Shakespeare. Lei – e Sólon e Kant. Ciência – e Newton e

Henry. Estava eu a ouvir a preleção de Mister Slang sobre Joseph Henry, o inventor do eletromagneto, quando as duas sibilas pararam bem à minha frente – e toda a minha atenção foi pouca para lhes pescar frases do diálogo.

– *I'm missing Bob...*

– *Ain't it sweet?*

Por que foi ela usar, em presença de Mister Slang, de semelhante barbarismo? Meu inglês, até ali despercebido da presença das *misses*, deu por elas afinal ao toque daquele *ain't*. Fez a cara de pontada no coração que cada inglês não degenerado faz quando zurzido por uma dessas liberdades que os americanos tomam com a língua de Macaulay.

– *Ain't it sweet!* – repetiu com expressão nevrálgica. – Estou com o dia estragado, meu caro. Vamo-nos à *cafetíria* tomar uma dose de Bromo Saltzer.

Custou arrancar-me dali. Tanta coisa ainda a ver, e as numerosas inscrições a ler, de Carlyle e Cícero e Bacon e Pope e Virgílio. E o diálogo das sibilas a ouvir... Era caturrice de Mister Slang aquela ojeriza, e tanto me revoltou que mentalmente assumi o compromisso de nunca mais, enquanto estivesse na América, dizer *I am not* e sim *Ain't*, como as sibilas. Se são sibilas e donas da terra, e se em seus lábios soa tão bem o *Ain't*, viva o *Ain't*! Ficasse a língua entregue aos caturras e jamais evoluiria.

Fui para a *"cafetíria"* já sem vontade de tomar coisa nenhuma. Vontade tinha apenas duma coisa – de que me viesse oportunidade para, com a maior naturalidade do mundo, aplicar durante a conversa pelo menos uma dúzia de *Ain'ts* na carne viva do meu inglês, como sinapismos.

– Ainda não pude suportar esta liberdade dos americanos para com a língua inglesa – disse-me ele de caminho. – Corrompem-na barbaramente.

– Corromper, Mister Slang, não será um sinônimo colérico de evoluir?

– Talvez, mas não é coisa que meus nervos suportem. Já cacei tigres na Índia e leões em Uganda. Não mexem com os meus nervos. O *Ain't* mexe.

– Mas é esse o meio duma língua desenvolver-se! Não fosse a audácia inconsciente dos ignorantes, e estaríamos ainda hoje, aqui no Novo Mundo, a falar o inglês cicerônico do doutor Johnson.

— E que lindo seria!...

— Lindo, não nego, mas insuficiente para as necessidades da expressão moderna. O caso daquele inglês que ouviu a pergunta: *"Can a canner can a can that can't be canned by a canner?"* é típico. A pergunta seria entendida por todos os americanos da América, mas o pobre Shakespeare ver-se-ia tonto para decifrar o enigma. As coisas novas que enchem hoje a América, e com as quais nunca sonhou o doutor Johnson, forçam a variação da língua.

— Sei disso, mas desejaria que essas variações respeitassem normas estéticas.

— Culpa têm os ingleses que fizeram da sua língua uma língua livre-cambista. A entrada de palavras na língua inglesa é franca. As palavras chegam de toda parte e estabelecem domicílio no inglês sem que a polícia glótica as marque com qualquer sinal indicativo de que são de fora. Gosto disso, porque sou duma terra terrivelmente protecionista em matéria de língua. Palavra exótica que entra no Brasil tem de ficar anos e anos marcada com grifo, ou entalada entre aspas, antes que seja naturalizada. Até hoje, apesar de residir no país há longuíssimos anos, a palavra "elite", por exemplo, ainda aparece marcada — *elite* ou "elite". Já vai aparecendo despida dessa pecha aqui e ali; mas para que a elimine de todo, quantos anos de uso diário ela ainda necessita!...

— Talvez o mal de que nós ingleses nos ressentimos venha da rapidez com que a evolução da língua se opera aqui. Inda não nos pudemos conformar com a mania da América de fazer num ano o que sempre pediu vinte. Isso não dá tempo às células cerebrais de se adaptarem — e esquecerem. O mundo ri-se de termos na Inglaterra a palavra *avoirdupois*, que não passa duma frase francesa — *avoir du pois*, ter peso, pronunciada à inglesa. Também acho horrível. Mas pior é o verbo americano *to vamose...*

— *To vamose?* — inquiri, de rugas na testa. Era novidade para mim tal verbo.

— Sim — prosseguiu Mister Slang. — Esse verbo é corriqueiro nas zonas fronteiriças com o México e foi formado duma pessoa do verbo ir – vamos. Os americanos das fronteiras, que não conheciam o espanhol, observaram que cada vez que num magote de mexicanos entrados em território americano soava o grito de *Vamos!*, imediatamente todos davam rédeas aos cavalos e lá se iam embora para o lado mexicano. Em vista disso associaram ao som "vamos" a ideia de "pôr-se dali para fora", e quando querem "tocar" alguém, usam do "vamos" já americanizado nesse estranho verbo *to vamose*, cuja significação não é a de um *convite para seguir junto*, mas duma intimação para *pôr-se ao fresco*. *To vamose*, pois, quer dizer *sair, puxar dali para fora* – ou justamente o contrário do "vamos" espanhol...

– Realmente, é curioso – murmurei, desatento, com o olho na flecha que indicava a direção da *"cafetíria"*. A fome é um fato.

Sobre essa externa receptividade da língua inglesa para com palavras de todas as outras línguas Mister Slang ainda falou por algum tempo, citando *"valorization"*, palavra que figura no dicionário *Webster* com a definição de *"act or process of attempting to give an arbitrary market value or price to a commodity by governamental interference, as by maintaining a purchasing fund, making loans to producers to enable them to hold their products etc.; – used chiefly of such action by Brazil"*.

– Definição perfeita, como vê – concluiu o meu sábio e sempre alerta cicerone. – No entanto, duvido que haja em qualquer dicionário português ou brasileiro a consignação dessa palavra com o sentido criado no Brasil.

Na *"cafetíria"* esqueci o meu amuo e ingeri o café com sanduíche de amendoim, com a natural avidez de quem estava, havia horas, a alimentar-se de musas, sibilas e demais símbolos de saias esvoaçantes. O cansaço de quem visita museus – cansaço por excesso de impressões mentais sempre nos mesmos lobos do cérebro. Devorei meu sanduíche com melancólico mastigar, saudoso das pequenas bibliotecas do interior do Brasil, onde o encontro dum volume que não seja Escrich, Ponson du Terrail ou Dumas nos traz sempre a sensação de pioneiro que descobre o Raio Verde. A riqueza americana cansa.

Estava no fim do meu sanduíche quando as duas sibilas entraram, ingeriram um *cocktail* de tomate e de novo se foram.

Meu rancor por Mister Slang renasceu. Tinha de vingar-me. Esfreguei as mãos e, com naturalidade infinita, disse:

– *Ain't you going home now?*

Não obtive resposta. Mister Slang limitou-se a erguer-se e sair, depois de ingerido o copo de Bromo Saltzer efervescente que pediu no balcão – dose dupla...

CAPÍTULO VIII

A caminho da velha Gotham. Visão do alto. Não mais o hilota agrícola. O animal mais estúpido que o peru. A máquina forçando o processo da adaptação humana. Os músicos postos à margem.

No dia seguinte voltei para Nova York de automóvel, no La Salle de Mister Slang. Como fosse meu primeiro contato com as estradas americanas, abri-me em espantos.

– Incrível, Mister Slang! – berrei. Tudo incrível nesta terra absurda. Quando me lembro que foi em 1776 que este país deixou de ser colônia – século e meio apenas – e que hoje está assim, beirando cinco milhões de quilômetros de estradas de rodagem com as quais despendem 1 bilhão de dólares por ano... Cinco milhões de quilômetros – quarenta metros de estrada por habitante... 26 milhões de autos, um auto para cada cinco habitantes... A mobilidade que isso dá a essa gente, o tremendo aumento de eficiência que traz ao americano são coisas que me apavoram...

Estradas são o sistema de veias e artérias dum organismo. Tê-las assim à moda americana é dar meios de o sangue circular sem entraves, de jeito a vivificar *todas* as células do organismo. Cada americano é um glóbulo de sangue dentro da mais completa rede de veias circulatórias.

Aquela estrada de asfalto e concreto, perfeita, dizia, mais que todo um tratado de dialética, que *sem estradas não há país*. De Washington a Nova York, viagem de oito ou nove horas, tínhamos a impressão de caminhar por uma rua. Éramos, dum lado, uma fileira sem fim de carros a cruzarem-se com outra fileira sem fim em sentido oposto. Milhares e milhares, todos os dias, dia e noite. E lembrar a gente que pelo país inteiro é a mesma coisa – o glóbulo *yankee*, aos milhões, a circular sem folga na rede imensa de artérias e veias!...

Certa vez, dum avião partido do Roosevelt Field, pude observar de grande altura o que é a América para os pássaros. Confete verde (o chamalote das árvores vistas pelo topo das copas, sempre redondas); quadrados ou retângulos com um liso de argila cozida dentro (telhado) e quintais ou jardins; e, serpeando por entre esses núcleos de células, uma anastomose infinita de serpentinas (estradas, onde pontos negros deslizam em fila dupla, uma que vai, outra que vem – os automóveis). Para as águias a América é isso.

– Muitas vezes no Brasil ouvi da boca de seus patrícios que Deus é brasileiro – disse Mister Slang, como se estivesse adivinhando os meus pensamentos. – Ao americano jamais ocorreu inventar coisa parecida; no entanto, a verdade me parece ser Deus escandalosamente americano – se não de nascimento, pelo menos naturalizado. Não existe território no mundo mais rico que este – e essa é a razão do surto prodigioso da América.

As mais extensas e férteis planícies de cultura, tão bem ajeitadas para o trabalho mecânico que o serviço não mais necessita ser feito à unha humana ou casco de boi, como é clássico em matéria de agricultura. Tudo à máquina. Daí uma agricultura sempre em crise por excesso de produção. Trigo demais, algodão demais, batatas demais, frutas demais. A eterna crise agrícola, entretanto, não evita que os lavradores mantenham o padrão de vida que você está vendo. Lá vai aquele freguês de charuto na boca, conduzindo o seu trator. Ganhará quanto? Cinco, 6 dólares por dia. Não está contente, é claro. Como não o estará quando seu salário subir a 10 ou 20. É da natureza humana, e condição do progresso, a dessatisfação do presente, com ânsia de mais para o futuro. Compare, porém, a vida desse homem com as dos seus irmãos nos outros países...

Passávamos pelos arredores de Washington, região onde uma intensa indústria nas cidades não trouxe abandono dos campos. As lavouras são lá as mais belas do trecho de Washington a Nova York. Plantações de milho perfeitas, como as das estações experimentais. Científicas. Pela simples inspeção visual percebe-se que já não subsiste nada que seja rotina. Tudo, desde a escolha da semente até a ceifa, está se fazendo de acordo com o que preceitua a experimentação científica.

– Onde o clássico hilota agrícola – continuou Mister Slang depois de breve pausa –, o homem dobrado nos cabos do arado, em tudo acorde à famosa pintura de La Bruyère?[6] O trabalho bruto foi transferido para a máquina. Ao homem ficou dirigir a máquina. Aquele charuto, veja! As roupas que traz, as polainas... Como não haveriam de chocar ao bom La Bruyère se ressuscitasse! E em casa, concluídas as suas oito horas de trabalho, juro como vai ouvir *songs* pelo rádio.

– Não é preciso ir tão longe como essa França de La Bruyère – acrescentei suspirando com alma. – Em todo o mundo, em todo o resto da América, no Brasil – que é o homem do campo? Já fui fazendeiro, sei. O "camarada" ocupa o último degrau da escala social. Ainda no estágio do homem de pé no chão, a receber por ele todas as infecções parasitárias. Roupas de riscado toda remendos, chapéu de palha à indígena. Nada de cultura e nem sombra de esperança de poder dá-la aos filhos. Morador de casebre de palha, sem mobília, sem conforto, sem assoalho, sem teto. Um hilota que não tem nada além de dívidas na venda – eternas dívidas, consequência do eterno déficit a que o força o salário mínimo que percebe. Salário irrisório, de chinês, de hindu...

Aquele patife lá, de charuto na boca e perneiras, com rádio em casa e certamente um Ford no fundo do quintal, ganhará quanto? No mínimo 5 dólares por oito horas de trabalho. O nosso jeca, por um trabalho muito mais penoso e de sol a sol, apanha, em média, 2 mil-réis, que ao câmbio de 10 mil-réis por dólar correspondem a 20 centavos – a vigésima quinta parte do jeca americano! E inda por cima insultam-no, acusam-no de não ter "poder aquisitivo", de não comprar livros, de não ser sócio da Liga da Defesa Nacional...

– Outro aspecto totalmente novo para quem chega da

---

[6] L'on voit certains animaux farouches, des mâles et des femelles, répandus par la campagne, noirs, livides et tout brulés du soleil, attachés à la terre qu'ils fouillent et qu'ils remuent avec une opiniâtreté invincible: ils ont comme une voix articulée et quand ils se lèvent sur leurs pieds, ils montrent une face humaine, et en effet, ils sont des hommes (*La Bruyère* – De l'Homme). *Nota da edição de 1932.*

América do Sul – continuei eu – é este das habitações rurais. Em nada diferem das urbanas. Sempre o bangalô de agradável aspecto exterior e todo comodidades modernas por dentro. O rádio para a captação da voz do mundo e supressão do isolamento antigo, a máquina de lavar, a máquina de passar, a máquina de aspirar pó, a máquina de lustrar, a máquina de descascar laranjas, a máquina de matar mosquitos... E, fora, a máquina de devorar milhas – esse Ford inconcebível, cabrito de aço mais abundante nesta terra de Tio Sam do que besouros num país tropical.

– O grande orgulho do americano está nisso, neste alto padrão de vida jamais alcançado em país nenhum e sempre julgado sonho inatingível – comentou Mister Slang, parando para acender no meu o seu cigarro. – Que é coisa inédita, não me resta a menor dúvida. Cri porque vi e estou vendo. E duvido que sem ver alguém o creia. A América é a terra do ver para crer.

– Por que é assim? – perguntei.

– Tudo consequência lógica do aumento da eficiência do homem graças ao uso progressivo da máquina. Segundo os cálculos, está o americano com um índice de eficiência igual a 42, quando o do europeu é igual a 13 e o do homem natural é igual a 1. Cada americano produz tanto quanto 42 homens naturais, isto é, 42 homens desmaquinados, que só usam os músculos que Deus lhes deu.

– Acho isso excessivo, Mister Slang. A crise geral que já se acentua, e vai ser tremenda, provém deste uso crescente da máquina. Ouço toda gente prever isso.

– Logo, está errado. Toda-Gente é o único animal de estupidez maior que a do peru. O fato de toda gente pensar assim vale-me por prova bastante do erro.

– Mas há uma evidente crise de trabalho. Nega isso, Mister Slang?

– Sempre houve uma crise de trabalho, mais ou menos aguda. Quando se agrava, torna-se sensível – e todos gritam que há crise. Quando minora, todos proclamam que os tempos estão normais. Esse estado de crise permanente, ora mais, ora menos agudo, não passa dum lógico efeito da lentidão da adaptação humana. O homem é lerdo e estúpido.

– Explique-se. Não estou entendendo.

– Cada vez que aparece alguma nova máquina, ou nova invenção – e progredir é isso, maquinar, inventar –, criam-se condições novas de vida, que provocam deslocações de homens. Quando apareceu o automóvel, milhares de cocheiros foram deslocados das suas boleias, milhares de tratadores de cavalos foram para o olho da rua. Crise? Deslocamento apenas. A máquina nova não veio diminuir o trabalho, sim aumentá-lo, como os fatos o provam. Apenas criou trabalho novo. Surgiu a tarefa nova do *chauffeur*, e as dos reparadores de carros, lavadores, vendedores de gasolina e todo esse mundo da indústria automotora. E aqui temos o ponto. Os cocheiros e mais homens postos à margem pelo auto foram em número tremendamente inferior ao dos homens chamados a desempenhar as tarefas novas que o automobilismo criou.

– É. Não deixa de ser assim – concordei. – Mas...

– O surto do cinema falado, por exemplo – prosseguiu Mister Slang –, mostrou o olho da rua para milhares de homens até então empregados na arte de produzir vibrações sonoras – os músicos. Estão eles hoje em crise, a berrar, a declamar, a insistir pela volta atrás – marcha a ré contra todas as leis da avançada humana. Esses velhos sopradores de canudos de metal amarelo, esfregadores de cordas de tripa, bochechadores de flautas, marteladores de teclados, só tinham uma coisa a fazer, se não fossem lerdos de mentalidade: – compreender os tempos e adaptarem-se às novas condições. Já não há mais lugar para eles nos cinemas, onde modulavam nos seus velhíssimos instrumentos músicas dolentes, enquanto os personagens mudos da tela fingiam falar.

O cinema, ainda a meio caminho da sua evolução, reproduzia os movimentos da boca de quem fala, mas não o som da fala. Por ser chocante para o público que tanta gente na tela falasse sem que nenhum som fosse ouvido, houve necessidade de criar um corpo de milhares e milhares de "tapeadores" sônicos – homens que tiravam de cordas de tripa e canudos de latão sons combinados segundo certas regras, com os quais substituíam, para o ouvido dos espectadores, os sons articulados que *deviam* sair das bocas dos personagens. O truque pegou. Como seria impossível ao ouvido humano ouvir ao mesmo tempo a música e a fala dos personagens, os espectadores ouviam a música e dispensavam-se de ouvir a fala inexistente.

Mas o cinema completou a sua viagem evolutiva. Aprendeu a falar. Chegou à reprodução da voz e, muito naturalmente, teve de dispensar o concurso dos "tapeadores". Em vez de se regozijarem com o grande passo que aquilo significava, os músicos arrepelaram as cabeleiras e deram de organizar-se para uma cruzada contra vibração de outra origem que não as das suas cordinhas de tripa. Tenho acompanhado a guerra contra a música em lata, como eles chamam à coisa nova. É extremamente pitoresca essa campanha promovida pela American Music Association, mas serve apenas para divertir o público. Breve, os fundos dessa sociedade estarão esgotados e os músicos, afinal, no bom caminho – isto é, à procura de novas ocupações. Só isso têm eles a fazer – adaptarem-se. Resistir às correntes do tempo vale por inépcia supina.

Não há tal morte da música, como eles proclamam. Há mais música, há multiplicação da música – música para todos, mais barata – e melhor. Como para ser reproduzida no cinema falado tem ela de ser produzida pelo sistema antigo, o cuidado é extremo na sua escolha e na escolha dos executantes. Os bons músicos, os ótimos executantes ficaram – e são mais bem pagos. O esfregador de cordas ou o vulgar assoprador de saxofone, esse acabou.

– Vejo, Mister Slang, que o senhor é um terrível e incondicional amigo do progresso.

– Apenas vejo no progresso uma lei natural. Sou amigo dele porque sou amigo da lei da gravitação, da lei da evolução, de todas as leis da natureza. Deblaterar contra tais leis me parece das coisas mais ridículas que um homem possa fazer. Essa campanha dos músicos equivale a uma que fizessem à imprensa de Gutenberg os antigos copiadores de manuscritos, convencidos de que seria melhor para o mundo a conservação da classe dos copistas do que o desenvolvimento da arte gráfica mecânica. Ou a dos antigos cocheiros de tílburis, caleças, vitórias, landaus e *coupés* contra o automóvel, com alegação de que seria ridículo substituir o belo e generoso companheiro do homem, chamado cavalo, por *canned horses*, "cavalos em lata", infames HP – cavalos-vapor.

Desse exército de músicos sem trabalho os espertos cortaram a cabeleira e insinuaram-se pelos novos campos que a "música em lata" abriu. Estão salvos. Os outros, esperançosos de que a humanidade depois dum passo à frente lhes atenda à grita e volte atrás, esses estão perdidos.

– Admito tudo isso, Mister Slang, mas o senhor há de admitir também que a rapidez da maquinização da América não dá tempo aos alijados de se adaptarem.

– Nesse caso, o remédio único é os alijados precipitarem a marcha da adaptação. A América impõe rapidez de julgamento e trote largo: quem for lerdo de cabeça ou de movimentos que emigre, para não ser esmagado. Países onde ninguém corre não faltam...

CAPÍTULO IX

Ideia irônica dum bispo inglês. O "L" perigoso. Dom Pedro II e Filadélfia. Guiomar Novaes. Carlos Gomes. A ideia maravilhosa que o brasileiro faz de si próprio. Concreto, concreto, concreto...

– Essa questão está sendo muito debatida – continuou Mister Slang. – Um bispo inglês chegou a lançar a ideia dum período de férias para a ciência, cinco ou dez anos, por exemplo, durante os quais nada se inventasse, nem melhoramento nenhum fosse introduzido nas máquinas existentes. Muita gente chegou a discutir a sério essa proposta à Swift. Edison teria de ser amordaçado, ou multado, se aparecesse com um dos seus habituais "benefícios à humanidade". Porque a invenção é sempre isso – *mal momentâneo para uma classe, benefício tremendo para a maioria.*

– Que fazer, então?

– Nada. A grande coisa é sempre esta: não fazer nada. Não interferir, não contrariar, deixar que o reajuste se opere por si mesmo. *Equilíbrio – ruptura de equilíbrio – reajuste:* assim marcha o mundo. Não há um estalão supremo de verdade para verificar que forma de intervenção é a exata, de modo que não intervir dá sempre certo, porque não cria artificialmente um erro novo ou a possibilidade dum erro. Veja no seu país que desastre está sendo a interferência oficial no negócio do café. Houve um desequilíbrio entre a produção e o consumo. Em vez de deixarem que o natural reajuste se fizesse, surgiu a intervenção do Convênio de Taubaté[7] – semente da maior calamidade que vai desabar sobre o Brasil.

[7] *Convênio assinado na cidade da Taubaté (SP) entre os governadores de São Paulo, Minas Gerais e Rio de Janeiro (fevereiro de 1906), para estabelecer as bases de uma política conjunta de valorização do café. Nota da edição de 2009.*

– Não creio, Mister Slang. Os lucros têm sido tremendos. Ainda que de súbito cessem com outra queda do café, o que foi ganho, ganho está.

– Engano, meu caro. Receio que todo o lucro obtido até aqui com a valorização do café seja vomitado em poucos meses – com reflexos políticos de tremendas consequências na marcha normal da nação. O Convênio de Taubaté veio para acudir a um excesso de produção de quatro ou cinco milhões de sacas. Qual a situação hoje, depois de anos de desenvolvimento dessa trágica ideia? O mesmo excesso, não porém de quatro ou cinco milhões, mas de vinte e tantos. Na realidade a interferência o que fez foi multiplicar por quatro ou cinco o mal existente – além de desenvolver tremendamente a cultura do café nos países concorrentes. Isso deu origem à formação no Brasil do mais perigoso sistema de equilíbrio econômico dos países modernos, representado nos gráficos por um monstruoso "L" que o mundo inteiro vê menos vocês, brasileiros.

– Um "L"? – exclamei com cara d'asno.

Mister Slang, que havia parado o carro para tomar gasolina, tirou da valise um livro de estatísticas comerciais onde se via um gráfico das exportações do Brasil.

– Eis aqui o calamitoso "L" – disse ele. – Seu país está a equilibrar-se sobre a perna magra deste "L", representado na haste grande pela exportação do café e nos "cepinhos" de baixo pelas do cacau, couros, mate, sementes oleaginosas e mais quireras que o Brasil vende para o exterior. Ora, quanto mais comprida a perna, mais frágil. O fraquear dessa perna determinará a maior crise eco-

nômica do Brasil. Tudo por obra e graça do desenvolvimento natural do mata-pau plantado em Taubaté – planta facinorosa que com a maior inconsciência do mundo vocês vivem a adubar com quantos recursos de crédito possuem. Loucos! Loucos varridos...

– Filadélfia...

– Quer ver o Museu Comercial? Existe lá uma seção do seu país que talvez o interesse – sugeriu Mister Slang.

Paramos na grande cidade para ver o que havia ali de Brasil. Artes de Dom Pedro II. Tinha o grande monarca a mania de interessar-se pela sua terra, daí o banirem-no, como castigo. Naquele museu, um tanto antigo, vimos a embolorada seção brasileira, com tudo quanto o Brasil podia apresentar ao estrangeiro naquela época. Espantoso! Eram as mesmas coisas que pode apresentar hoje... Minerais, fibras, tralha de índios, café (não valorizado), borracha, os nossos eternos produtos coloniais, eterna colônia produtora de matéria-prima que somos.

Pedro II lá esteve e até hoje os americanos guardam lembrança dessa sensacional visita – o primeiro e único imperador que ainda pisou as plagas de Lincoln. Descobriu ele por essa ocasião o criador do telefone, Graham Bell – e o lançou... A América jamais se esqueceu disso...

– Fora Pedro II, mais três coisas do Brasil conseguiram popularizar-se aqui – disse Mister Slang. – Primeiro, *O guarani* de Carlos Gomes com Z, Gomez, que a tenho ouvido em numerosas ocasiões por toda sorte de orquestras. Essa música de fato sabe ao paladar americano. Temos depois a castanha-do-pará, *Brazilian nuts*, que se vende com este nome por toda parte. Por incrível que pareça, vim conhecer a castanha-do-pará aqui, não a tendo visto nunca no Brasil. Encontro-a com frequência em companhia do amendoim, da amêndoa, da noz, da avelã, da castanha-de-caju, do pistache e mais sementes que se vendem nessas casas especiais, tão pitorescas, com o nome de guerra de *Chock Full o' Nuts*.

O café não lembra o Brasil, apresentado que é sob marcas registradas – Maxwell, Eight O'clock, Mac Douglas, conforme o torrador.

– E Guiomar Novaes?

– É a terceira. Os americanos não a esquecem. Guiomar Novaes fez realmente nome na América, ao lado dos grandes pianistas europeus. Ainda quando ausente, é sempre relembrada pela crítica – fato digno de nota nesta América de duzentos quilômetros por hora, sem tempo de dar atenção a quem está fora do movimento – ou muito longe.

– É pouco isso, Mister Slang – murmurei cheio de nostálgico patriotismo. – Descuramos das nossas coisas. Devíamos intensificar a propaganda do Brasil...

Meu inglês sorriu, levemente apiedado.

– Propaganda do quê, meu caro? É duro dizer isso, mas vocês ainda não têm nada a apresentar ao mundo.

– Como não? – exclamei quase ofendido nas minhas vísceras patrióticas. – Isso também é demais. Temos o direito de ser conhecidos, de fazer as nossas coisas conhecidas...

– Conhecer o quê? Que coisas? Reflita um minuto em vez de repetir frases ocas de toda gente.

Refleti um minuto e engasguei. Realmente – que coisas?

– A ideia que o brasileiro faz de si próprio é muito interessante – continuou Mister Slang. – Julga o seu país a maravilha das maravilhas, mas com um único defeito: não ser conhecido no estrangeiro. A ideia simplista que o brasileiro faz do mundo deve ser esta: grande arquibancada de circo de cavalinhos com John Bull, Tio Sam, Michel, Mariana, o Urso Eslavo e mais países sentados nas fileiras da frente, para "gozar" o único que tem a honra de ocupar o centro do picadeiro. Ali o Brasil, sozinho, único, terra onde Deus nasceu, mostra as suas ufanias – o Amazonas, os oito milhões de quilômetros quadrados, o Pão de Açúcar, o Café, o Babaçu, Santos Dumont, o padre que inventou a máquina de escrever, vários descobridores do moto-contínuo e da quadratura do círculo. Dessa atitude decorre o estribilho dos jornais ao darem notícia de qualquer coisa feia acontecida em tal paraíso: "Que não dirá o estrangeiro?".

– Basta, Mister Slang – intervim ferido no meu amor-próprio. Acho que está metendo a riso o meu querido país.

– Não, meu caro. Apenas estou dando o *nosso* ponto de vista. "Que dirá o estrangeiro?", perguntam vocês. Pois estou a responder como estrangeiro. O que o estrangeiro diz é isto que estou dizendo. Conta a coisa, não a comenta. Sorri. Os nossos séculos de civilização ensinaram-nos esse comentário sutil que diz tudo sem palavras – o sorriso. Sorrimos...

Filadélfia. Meu Deus! O que são estas cidades americanas... Formigueiros inconcebíveis, como os nossos formigueiros de saúva em dia de saída de içá. Gente, gente, gente; autos, autos, autos; mulher, mulher, mulher...

– Como há mulheres em circulação na América, Mister Slang! – exclamei admirado. – Só depois que aqui pisei é que vi mulher. No Brasil existem apenas amostras, tão raras são. Creio que a porcentagem feminina nas ruas de São Paulo, por exemplo, orça por uma para dez passantes masculinos. Daí o voltarem-se estes cada vez que uma passa, como se defrontados por amostra rara duma espécie muito reclusa. Mas aqui vejo um perfeito *fifty-fifty*. Para cada cinquenta homens, cinquenta mulheres. E que mulheres...

– Essa mesma proporção verá você nos escritórios, nos teatros, nas praias, nos restaurantes, em Coney Island ou nos campos de esportes. Só aqui as mulheres se igualaram aos homens em direitos, atividades e vida fora de casa. Logo teremos eleições. Procure observar. Verá pelo número das que votam que a América é, na realidade, política e socialmente, conduzida a dois.

– Acha, então, Mister Slang, que a igualdade dos sexos foi afinal alcançada?

– Mais tarde voltaremos a este assunto. Não só foi alcançada como excedida. Avançou tanto a mulher na reivindicação dos seus direitos que passou à frente do homem. Hoje são estes que falam em reivindicações. Que é o Alimony Club de Nova York senão a forma atual dos antigos clubes feministas propugnadores da equiparação dos direitos da mulher aos dos homens? Cessou o feminismo. Temos o inverso agora. Temos o masculinismo – os homens em luta desesperada para que os seus direitos sejam igualados aos das mulheres...

Concreto, concreto, concreto; asfalto, asfalto, asfalto; fila intérmina de autos que vão; fila intérmina de autos que vêm; *cottages, cottages, cottages*; lindos trechos reflorestados; prados, campos, vilarejos...

CAPÍTULO IX   87

CAPÍTULO X

Princeton. A riqueza das universidades americanas. Harvard, a nababa. Os 36.688 alunos da Universidade de Columbia. Como a riqueza se forma. O chicote dos invernos. Justificação da indolência. O Ministério do Carbono.

– Princeton!...

– Pare, Mister, Slang. Está tão lindo isso aqui que me sinto com ímpetos de furar um pneumático do seu La Salle...

Que maravilha de ambiente o que vi na Universidade de Princeton! Deveras lamentei comigo mesmo não estar começando a existência para vir estudar, formar o espírito ali em tal paraíso. Aqueles maravilhosos grupos de edifícios, todos do mesmo estilo, recobertos de hera, tudo harmonizado de acordo com um plano...

Que repouso!

– Quantos alunos, Mister Slang?

– Poucos, relativamente. Dois mil, servidos por duzentos professores. Esta universidade é das menores, embora bastante cotada e rica – e linda, como está vendo. Eu, entretanto, prefiro a de Cornell, externamente. Pura maravilha, Cornell...

Saltei do auto para uma demorada contemplação do paraíso universitário. Tudo imenso, tratado qual um jardim. Dir-se-ia que os anõezinhos do Reno vinham à noite tosar aquelas gramas e desempoeirar uma por uma as folhas das árvores.

– Quantas universidades tem a América, Mister Slang?

– Cinquenta e seis, todas magnificamente dotadas. Esta de Princeton, por exemplo, apesar da sua matrícula de dois mil alunos apenas, goza-se duma dotação de 25 milhões de dólares.

– Vinte e cinco milhões! 250 mil contos ao câmbio de 10 mil-réis o dólar! Já é...

CAPÍTULO X 89

Trecho da Universidade de Princeton

O Sibley College, na universidade de Cornell

Harper Memorial, na Universidade de Chicago

– Não é, não. O seu "já é" cabe melhor à de Harvard, que para um corpo de oito mil alunos dispõe duma dotação de 108 milhões.

– Cento e oito? Um milhão e 80 mil contos?... – exclamei revoltado.

– Sim, meu caro. E quantas outras ainda mais abundantemente dotadas que a de Princeton? A de Chicago com 60 milhões; a de Columbia com 77; a Stanford com 30; a do Texas com 27; a de Yale com 88...

– É desconcertante, Mister Slang. Cinquenta e seis universidades assim ricas, fora os *colleges*. Quantos *colleges*?

– Quase setecentos, alguns formidavelmente dotados, como o Instituto Tecnológico de Massachusetts, que dispõe da dotação de 32 milhões de dólares.

– E alunos? Na Columbia, certa vez em que lá estive de visita, a matrícula estava em 36.688. Guardei esse número, tão esmagador o achei. Professores, também me lembro: 1.627...

– É a mais frequentada, embora outras apresentem números bem fortes. A de Boston passa de treze mil alunos. A da Califórnia, onde foi professor aquele John Casper Branner que tanto estudou a geologia do Brasil, chega a dezenove mil. A de Minnesota tem 12 mil. A de Detroit, onde William Smith prepara a revolução siderúrgica de amanhã, quinze mil. A de Michigan, dez mil. A de Chicago, doze mil. A de Nova York, 25 mil. Além dessa e da Columbia, a tentacular Nova York possui ainda a Universidade de Fordhan, frequentada por nove mil alunos.

O que a América está fazendo em matéria educativa excede o poder de previsão do cérebro humano. Meu problema é este: se a América em século e meio de vida independente fez o que estamos vendo, que fará num século ou dois mais, a partir deste estágio de aparelhamento cultural de que se dotou? Inútil perder tempo com a questão. Nossos tataranetos, só eles poderão responder.

– Dinheiro, dinheiro, dinheiro, Mister Slang. Dólares! Não houvesse na América os dólares que há, e eu queria ver...

– Os dólares não existiam empilhados à flor da terra. Foram criados. Foram ganhos. A riqueza nacional americana, hoje orçada em 400 bilhões de dólares, partiu dum zero inicial. Quando o *Mayflower* apartou às costas de New England e aqueles autoexilados erigiram o primeiro casebre, a base desses 400 bilhões foi lançada. Quanto valeria esse primeiro casebre em dinheiro inglês da época? Uma libra, se tanto. Tudo veio daí. A partir daquele momento o americano jamais deixou de acumular trabalho. Riqueza é trabalho acumulado. Em vez da águia eu poria como símbolo da América a formiga. A águia depreda. A formiga enceleira.

Aquelas palavras fizeram-me voltar o pensamento para um país de igual território e idade, sito a milhares de milhas dali, onde a riqueza não se acumula.

– Não entendo, Mister Slang – disse eu por fim. – Também lá no Brasil não fazemos outra coisa senão trabalhar, desde que Pedro Álvares pôs pé em terra – e, no entanto, não enriquecemos. A riqueza nacional do Brasil é de apenas 40 milhões de contos. Por quê?

– A soma do trabalho feito no Brasil é mínima comparada com a do feito aqui. Falta a vocês o grande estimulante do trabalho, que é o inverno. O homem só produz o bom trabalho que dá para a subsistência, e sobra para ir-se acumulando em riqueza, quando o inverno está atrás dele de chicote em punho. É o frio o supremo criador. Dele saiu a economia, a previdência, a cooperação. O meio de sobreviver é um só: acumular nas estações amenas para não perecer na estação morta. A gente das terras quentes, não se vendo sujeita a essa chibata, jamais aprende a acumular – além de que possuem um trabalho de muito fraco rendimento. O melhor das energias é gasto na luta contra o calor depressivo, pois que a boa arma nesse combate se chama "inação".

– Será assim, Mister Slang? Quer dizer que justifica a indolência?

– Justifico. Simples arma. Meio de sobreviver nos trópicos. Trabalhar muscularmente num dia calmoso equivale a somar ao calor ambiente, já excessivo, o calor da combustão animal acelerada. Dessa soma sai... incêndio. Daí a defesa. Para evitar o incêndio, surge a mamparra, a preguiça, o fugir com o corpo, o corpo mole, o fumar à custa do patrão e todas as mais formas pitorescas de escapar ao esforço que mata.

Sob a ação do frio, dá-se justamente o inverso. Ou o ho-

O rochedo de Plymouth

mem movimenta os músculos ou entangue. Torna-se o trabalho um sadio prazer, hábito, remédio. Em consequência, mais saúde, mais produção, melhor produção – riqueza, no fim. E não é só. Cumpre considerar o efeito da neve no solo, detendo o surto da vegetação e da vida animal inferior, repousando a terra com o primeiro e sofreando o ímpeto das pragas com o segundo.

– Mas temos também frio no sul do Brasil.

– Algum frio, não o frio em grau de chicote. Mesmo assim veja como o sul se desenvolve e enriquece mais depressa do que as zonas chegadas ao Equador. Veja como o homem do norte, que nada pôde fazer na sua terra estorricante, prospera no sul, quando emigra.

Pus-me a refletir, achando que, se não a tinha toda, tinha bastante razão o meu amigo.

– Mas será só o frio a causa do progresso americano?

Fiz essa pergunta e logo me arrependi. Aos meus próprios ouvidos soara asnática.

– Não há nunca uma causa única para qualquer fenômeno – respondeu Mister Slang – e sim feixes de causas concorrentes. Numerosas convergiram aqui para criar esta América que está abrindo a sua boca – e não deixa de fazer o mesmo ao resto do mundo. Terras maravilhosas para a agricultura, planícies sem fim para o trigo e demais grãos, onde a máquina faz em escala tremenda o que outrora, ou ainda hoje nos países atrasados, faz em escala reduzida o músculo humano associado ao do boi. Todos os dons da natureza em proporções estonteantes. Hulha a dar com pau, e ótima. Petróleo em verdadeiro mar subterrâneo. Minério de ferro aos bilhões de toneladas. Tudo... E sobre o imenso território assim rico de reservas minerais, o homem sadio dos países invernosos, diligente, ativo, herdeiro da longa experiência do que é o chicote do inverno que já cantou no lombo da longa série dos seus avós. Homem de raças apuradas pela neve; terra arável; óxido de ferro e carbono em profusão: com elementos básicos dessa ordem, não admira que o americano fizesse o que fez.

– Não estou entendendo bem...

– Medite e entenderá. Do óxido de ferro o saudável homem daqui tira o aço. Com o aço cria a máquina, isto é, a astuciosa maneira de multiplicar tremendamente a força do músculo, ou substituí-lo no trabalho. Depois, por meio da hulha e do petróleo – formas de carbono – produz a combustão que desenvolve a energia mecânica com a qual move a máquina. Desse modo domina a natureza, mobiliza-lhe as reservas ocultas no seio da terra e transforma-as em utilidades – em riqueza.

– Sim, estou compreendendo...

– O problema dos grandes países modernos não passa dum problema de carbono, tudo porque a máxima invenção humana foi o fogo e não há fogo sem carbono.

– Espere, Mister Slang... As vagas reminiscências que tenho de minha química escolar cochicham-me que o fogo, ou a combustão, diz mais respeito ao oxigênio do que a qualquer outro elemento.

– Sim, quimicamente combustão é a oxidação de uma substância com produção de calor. Mas o elemento oxidante, o oxigênio, é o rei do universo, a substância que abunda em maiores quantidades. Está no ar. Todos os povos o têm em quantidades iguais. Já o mesmo não se dá com o carbono, que é o paciente da combustão. Por isso digo eu que o problema é ter carbono, ou produzir carbono.

– Produzir como?

– Plantando. As árvores fixam o carbono e, carbonizadas, darão a você carbono puro. Mas o ideal é encontrá-lo no seio da terra sob a forma fóssil de hulha ou, melhor ainda, de hidrocarburetos, ou petróleos. O fato de a América possuir carbono fóssil sob essas duas formas em tremendas quantidades deu-lhe a supremacia econômica de que goza. O Brasil, por exemplo, está ainda nos cueiros porque nunca os seus estadistas e capitães da indústria meditaram no assunto "carbono". Eu, se fosse ditador na sua terra, suprimia vários ministérios inúteis e criava o que está faltando – o Ministério do Carbono...

CAPÍTULO XI

Cidades do interior do Brasil. A gloriosa platibanda. Nada de muros, ou taipas, ou cercas. Tarrytown num dia do *Indian Summer*. Um inesperado "Por quê?".

Quis fazer graça, sugerindo vários negros retintos como o professor Hemetério que dariam excelentes ministros do Carbono, mas não me animei. Mister Slang estava a falar com a maior gravidade.

Já íamos a caminho novamente, com Princeton bem para trás. A paisagem, sempre a mesma – cuidada, penteada, civilizada. Atravessamos de quinze em quinze minutos deliciosos *villages*, cidadezinhas bem características do interior americano. Mas que diferença! A expressão "cidades do interior" no Brasil sugere sempre a mesma visão dum grupo de ruas que glorificam em placas de esmalte azul heróis nacionais, estaduais e locais – rua General Osório, praça Altino Arantes, largo Coronel Tonico Lista, quando não rua da Palha, do Fogo ou do Meio. As casas não variam de norte a sul – casas que reproduzem com fidelidade comovedora o tabu arquitetônico que os portugueses plantaram na colônia inicial. Parede caiada de branco, em geral com barra de cor; porta da rua; janelas lado a lado. Nas mais antigas, o beiral; e se a zona evoluía um bocadinho, a platibanda. Platibanda, em vez de beiral, era o luxo supremo. Assim que um sitiante de café ou açúcar entrava no gozo da primeira safra de vulto, chamava o pedreiro local para a remodelação da sua casa da cidade.

– Tire-me esse beiral do tempo do Onça e ponha-me uma platibanda como a do major Fagundes. Tudo bem moderno e baratinho, veja lá, hein?

Remodelar não significava melhorar a casa, suprimir as alcovas sem luz nem ar, fazer uma cozinha decente, arrumar o banheiro. Significava *platibandar* a casa para que o major Fagundes perdesse a bazófia de só ele ter casa moderna. O prestígio do dono crescia pontos e pontos na consideração pública... e a loja da esquina vendia mais um guarda-chuva. O novo platibandado não podia mais sair de casa nos dias borrasquentos confiado na proteção do beiral extinto...

Todas as nossas cidades do interior eram assim, antes da revolução que o bangalô vai operando. Parece que havia artigo na Constituição proibindo-lhes o variar de forma. Nada de jardins na frente. Para flores e couves, o quintal, bem fechado de muros de taipa, taipa bem defendida dos moleques por meio de cacos de vidro. Fechada pela frente com a muralha da "parede da rua", fecha-se também com muralhas de outro tipo aos fundos. A preocupação de defesa...

– Mas aqui, Mister Slang? Como explica o fato de serem todas as casas do interior separadas umas das outras por estes gramados sem nenhuma cerca ou muro de permeio? Os terrenos ou quintais se confundem.

O gramado desta casa, por exemplo, não mostra nenhuma separação do da casa vizinha. Confundem-se. Será que chegaram a tal ponto de respeito pela propriedade alheia que o perigo de invasão se torna desprezível?

– Talvez. Há leis aqui, e leis que, além de severas, se cumprem. Isso desde o começo, desde os tempos coloniais. O povo adquiriu o hábito de respeitar a propriedade alheia. A taipa, o muro, a cerca e a grade desapareceram por inúteis, ou nunca existiram por nunca se mostrarem necessários. A taipa aqui é moral.

"Sim, devia ser isso mesmo", refleti comigo. "A ausência de muros defensivos dá realmente um aspecto encantador ao "interior" americano. As casas – sempre bangalôs ou *cottages* do mais variado aspecto, sem dois iguais na mesma rua, embora dentro dum estilo comum, misto da velha moradia inglesa e das inovações americanas – erguem-se em meio de árvores e moitas e jardins e gramados mantidos com o apuro dos jardins públicos. Parece que tosam a grama e limpam as arvores todas as manhãs."

Da primeira vez que percorri a pé uma dessas cidades, Tarrytown, confesso que me extasiei na convicção de estar dentro da mais linda cidade da América. Eu fora visitar aquele adorável recanto movido de uma sugestão literária. Andava a ler Washington Irving, o incomparável, e justamente em Tarrytown localizara ele a sua famosa *Legend of the sleepy hollow*. Cidade toda ela romance, ergue-se à margem do Hudson, em cujas águas, durante a revolução, os americanos bombardearam o vaso de guerra inglês *Vulture*, enquanto em terra capturavam um major André.

Nada se perde na América. Seja produto da terra, seja do homem, cuidam logo de o afeiçoar em riqueza. Esses dois pequeninos incidentes históricos, mais o fato de haver Irving escolhido Tarrytown para cenário de sua novela, e ainda a existência até hoje do Sleepy Hollow Manor – a velha casa construída pelos colonizadores holandeses em terras compradas aos índios –, foram os ingredientes que os habitantes de Tarrytown manipularam para seduzir os visitantes.

Lá estive – lembrar-me-ei eternamente – num lindo dia do *Indian Summer*, que é como dizem do veranico que ocorre em fins de cada outono – a quinta estação, ou estação das fadas. Que maravilha! O que fora verde estava vertido para a gama inteira dos amarelos e vermelhos. O chão, tapetado de amarelo-canário sob certas árvores já quase em varas, e de vermelho coralina sob outras. "Tapetado" aqui não é licença poética; sim, precisão matemática. Metade das folhas coloria as árvores, a outra metade forrava o chão.

Aquela orgia de amarelos e vermelhos chocou profundamente meu cérebro afeito a só ligar ao mundo vegetal a cor verde. Tive a sensação de cenário de teatro, de invenção humana, de mentira linda.

– Que maravilha! – exclamei comigo mesmo, realmente maravilhado com as tonalidades para mim inéditas do *Indian Summer*.

Alguém se riu perto. Voltei-me. Minha exclamação de bugre tropical fora ouvida por uma esguia *miss* que passava.

– Por quê? – indagou ela com um estranho momo de curiosidade nos olhos azuis.

Na bebedeira de beleza em que me achava, respondi como se estivesse falando a um companheiro de excursão e de êxtase que possuísse alma de Ruskin, mas que por qualquer circunstância conservasse os olhos fechados, não podendo portanto ver o que eu via.

– Por quê? Porque tenho os olhos abertos e estou vendo. Abra também os seus e compreenderá. Veja aquele grupo de árvores naquela mansão da esquina. Haverá nada mais estonteantemente belo, em tarde bela assim? Não está lindo, lindo?

A *miss* sorriu.

– Mas sempre foi assim!... Não *está* lindo. É lindo. – Disse e foi-se, com um gracioso *good bye*.

– Não está, é!... – repeti comigo, procurando penetrar o sentido da resposta. Só mais tarde o percebi plenamente. Aquele grupo de árvores varia tanto de aspecto, que é sempre uma expressão de beleza. Estava naquele momento vestido como ipês de ouro e rubis. Depois, com a entrada do inverno, se despiria de todas as folhas para apresentar uma nova forma de beleza, profundamente melancólica, na nudez da galharia sépia. Depois se recobriria de neve – e branquinha até nos mínimos ramúsculos teria uma beleza de sonho. Depois rebentaria em folhas novas – e teria a beleza da esmeralda que nasce. Depois, o verão truculento transformaria as esmeraldas tenras em verdes apopléticos – e teríamos o único tom de beleza a que estamos afeitos nos países de "verão eterno". Tinha razão a *miss*. Não estava. Era...

Contei a Mister Slang a passagem.

– Estações tropicais vocês têm duas apenas – disse ele –, a das águas e a da seca. Na das águas, tudo violentamente verde. Na da seca, violentamente verde tudo. Creia, meu amigo, cada vez que venho duma estada longa em país tropical, trago a alma envenenada pelo verdete das árvores – venho bêbado, literalmente intoxicado e exausto. Daí a minha teoria de que apenas encontram encantos num país tropical o bugre e o negro d'África. Só com milênios de adaptação ao verdete eterno pode uma criatura imunizar-se contra o veneno. Quero a natureza como aqui – sempre insatisfeita, sempre mudando...

Puxei o relógio. Três horas. Nova York não estava longe.

CAPÍTULO XII

Dois negros de mentira que empolgam a América. Amos and Andy. Estradas onde se paga multa por escassez de velocidade. Bandidos. Destruir para criar. Lampião lembrado a cinco mil milhas de distância. O crime é negócio.

– Temos de correr – observou Mister Slang dando mais quilômetros aos pneumáticos. – Não quero falhar ao *"Amos and Andy"* hoje. Amos ficou ontem de ir à estação esperar sua namorada Ruby Taylor, que chega finalmente de Chicago. Está acompanhando?

– Quem não o está, Mister Slang? É incrível como esse diálogo de dois pobres negros empolga assim esta imensa América...

Conversamos algum tempo sobre as aventuras desses dois heróis de ébano e não sei por que cargas-d'água deles passamos para Filadélfia, cuja situação financeira Mister Slang comentou. Oitenta milhões de dólares é a quanto monta a sua receita municipal. Espantei-me.

– E é a quarta do país – explicou o meu amigo, sempre afiado em matéria de números. – Acima dela temos Detroit, com 142 milhões; Chicago, com 204, e finalmente a monstruosa Nova York, com 530 milhões.

– Quinhentos e trinta milhões de dólares!... Isto, afinal de contas, é um disparate, é um desaforo, é um abuso, é uma ofensa à pobreza do resto do mundo. E dizem que tem mais de sete milhões de habitantes! Chega até a ser ridículo...

– Sete, enquanto a municipalidade não conclui os trabalhos da nova delimitação urbana. Terá então onze milhões.

O auto corria a cem por hora, tendo Mister Slang tomado por uma *speedway* – verdadeira raia de corridas, onde todos os automóveis voavam; mais que voavam, chispavam. O valente

CAPÍTULO XII   *103*

La Salle do meu amigo inglês fez-me lembrar a bala de Júlio Verne a caminho da Lua.

– Absurdo – murmurei de mim para mim enquanto chispávamos.

– Que é absurdo? – indagou Mister Slang sem desviar os olhos da estrada sem fim.

– Tudo. Tudo nesta terra é absurdo, desconcertante, excessivo. Estou mentalmente reduzindo a réis os orçamentos dessas cidades. Dá disparates.

– Não meça as coisas americanas com as medidas da sua terra. As velhas medidas europeias, que são as mesmas da América do Sul, não medem mais a América do Norte. Ela não só criou coisas novas, como também criou medidas novas. O *million* é uma dessas medidas. Repare nos títulos e subtítulos dos jornais. Quando eles se referem, por exemplo, a uma viúva que se casou com um *boxeur* aposentado, dizem no título *two millions widow remarries three millions fist man*.[8]

– Milhão! – murmurei com os olhos distantes. – Vim usar desta palavra aqui. No Brasil só a vemos aplicada à quilometragem quadrada do território – aqueles oito milhões e meio que constituem o nosso orgulho.

– E à moeda também – sugeriu Mister Slang. – A palavra "conto" significa milhão. Por falar, não acha curioso que seja o seu país o único no mundo onde a unidade monetária não pode existir concretamente? Essa unidade, o real, é irreal, imponderável, inconsubstanciável, inamoedável. Não deixa de ser algo sui generis.

– Medidas, medidas... – exclamei ainda tonto e sempre de olhos distantes. Medidas americanas. Natural. Terra inédita, civilização inédita, vida inédita no mundo, absurdo inédito. Tinha de ter medidas inéditas.

– Uma delas é a palavra *sky-scraper* – emendou Mister Slang. – A velha palavra "casa", por exemplo, é insuficiente para medir a coisa nova que é o arranha-céu.

– Sim – acrescentei. – E a palavra "bandido", relembrativa dos bandidos clássicos da história desde Luigi Vampa até Lam-

---

[8] *Viúva de 2 milhões casa-se com um* boxeur *de 3 milhões. Nota da edição de 1946.*

Edifício da Irving Trust Company

pião, não mede um Legs Diamond, um Al Capone, um pistoleiro qualquer de Chicago. Havemos que dizer *gangster*.

– Verdade – concordou Mister Slang acendendo um cigarro. – Vem daí a enorme quantidade de palavras novas que entraram neste inglês da América para designar o homem que toma a coisa alheia. Temos, no inglês-inglês, muitos vocábulos correspondentes ao bandido clássico, chefe de bando – *bandit, brigand, burglar, highway man, miquelet, pillager, thug* e mais setenta e tantas variantes de especialistas. Tirar o alheio à força ou por manhas constitui a mais velha arte dos homens, e parecia exausta, perfeita, já insuscetível de modalidades ou aperfeiçoamentos, quando a riqueza excessiva da América veio dar vida nova a essa arte. Estamos hoje em pleno período da Renascença do Crime. Os Michelangelos, os Leonardos da Vinci do crime, os Benevenutos Cellini vão surgindo aqui concomitantemente com a eclosão pletórica da arte tipicamente americana que os vai glorificar: o cinema.

– Glorificar é muito, Mister Slang! – exclamei escandalizado. – Diga perpetuar.

– Termos que se equivalem. Glória, afinal de contas, é ficar na memória dos homens, seja como santo, seja como aquele inteligente Eróstrato que incendiou o templo de Diana em Éfeso...

– Inteligente, acha?

– Íssimo. Ou espertíssimo, pelo menos. Celebrizou-se. Está sendo citado neste ano de 1929, nesta América nem por sombras sonhada naquele tempo.

– Mas destruiu uma das sete maravilhas do mundo – aleguei indignado.

– Todas as seis restantes estão hoje igualmente destruídas pelo tempo. Eróstrato destruiu para criar a sua imortalidade. Hábil.

Fiquei a refletir uns instantes naquelas ideias que muito me desnortearam. Depois me abri em perigosa confissão.

– Tenho certo pejo de o confessar, Mister Slang, mas o que mais sinceramente admiro na América é justamente o crime renovado e alçado a proporções leonardodavincescas. O crime arranha-céu!

– Não é original nisso. O povo comum, que é o mesmo em toda parte e sempre instintivo, também admira inconscientemente essa classe de heróis. Daí a intensa curiosidade pela vida e feitos desses homens fora da lei. Os jornais dão-lhes o melhor das suas páginas. Teatros e cinemas ganham rios de dinheiro estilizando engenhosamente o gângster. É sempre assim. Em Portugal o povo sabe mais dum João Brandão ou dum José do Telhado do que do velho Camões. No Brasil não há quem desconheça Antônio Silvino ou Lampião. Já Rui Barbosa ou o Visconde de Mauá constituem nomes que só a elite conhece.

– Por quê, Mister Slang?

– Porque só as virtudes trogloditicas interessam realmente ao homem comum, tão perto está ainda ele do troglodita. Daí a fúria do americano pelo esporte – essas guerras nos campos de futebol cuja violência põe a perder de vista tudo quanto a humanidade ainda viu em matéria de ímpeto; e as lutas de boxe, ferocíssimas até para os tigres. O interesse é tamanho que mata. Na luta entre Dempsey e Tunney morreram de emoção treze indivíduos que pelo rádio seguiam as peripécias do encontro...

– É isso mesmo! – concordei, pensativamente, de olho arregalado. – O homem realmente só vibra quando vibram dentro dele os milênios de peludos avós do tempo das cavernas, dos *Ursus spelaeus*, do tigre-dentes-de-sabre. A coragem louca, a audácia sem limites, "o vai ou racha", a Força, em suma...

– E esta América é o paraíso da Força – desde a moral, dum Lincoln, até a troglodítica, dum gângster de Chicago.

– Culpa têm a literatura, o cinema, os jornais – observei eu. – Sem o pensar, endeusam os monstros. O simples apresentá-los, ainda que com o clássico desfecho da vitória da lei no fim, imposto pela moral, corresponde a endeusá-los. Daí a onda de crime que rola sobre o país. Não acha que é assim, Mister Slang?

– Engano. Literatura, jornais e cinemas não passam de espelhos. Refletem. Satisfazem a uma solicitação do povo. Qual foi a última novela que você leu?

– *Broadway.*

– E a última fita que viu?

– *Broadway.*

– E a última peça teatral?

– *Broadway.*

– Aí está. A atração do alto crime americano é tamanha que um bugre do Brasil aqui importado não se contenta apenas de travar relações com o Steve da novela de Dunning e Abbot. Vai ainda vê-lo na tela e vai depois revê-lo no teatro... Isso explica a Renascença do Crime. Um criminoso sentenciado deu há dias uma entrevista a certo jornal, tremendamente ilustrativa. *"Crime doesn't pay"*, proclama neste país a moral por mil vozes, e de tanto o proclamar fica a gente convencida de que realmente o crime não é negócio. Essa ideia constitui um truísmo na América, um dogma. Mas sabe o que nessa entrevista declarou o enjaulado gângster? Declarou que a razão da onda de crime reside apenas em que é justamente o inverso do dogma que se dá.

"Crime pays", disse ele. O crime vale a pena.

Quer-me parecer que esse gângster, não os moralistas, tem razão. O crime é realmente um grande negócio na América. Rende, diz um estudo que li, 2 bilhões por ano. Isso em dinheiro. E quanto rende ainda em admiração popular, em "glória"? A causa da alta criminalidade da América reside no alto acúmulo da riqueza.

– Deve ser isso – concordei. – Já residi numa pequena cidade do interior de São Paulo onde se passavam anos e anos sem que um furto fosse cometido. Era tão pobre o lugarejo que não havia o que furtar. Lá sim, *crime doesn't pay.*

Estávamos já em Newark, subúrbio de Nova York. Paramos para comprar a última edição do *Evening Graphic*. Abri-o, logo que o auto se pôs de novo em marcha.

– Qual o crime do dia? – indagou Mister Slang, sem desviar a atenção da rua atravancada.

– Oh, um estupendo! – respondi correndo os olhos pelo jornal. – Três gângsteres atacaram com metralhadora, em pleno Brooklyn, um carro blindado de transportar dinheiro. Do Phoenix Bank. Deixe-me ver... Fuzilaria... O condutor e dois soldados que o guardavam de mãos nos revólveres não tiveram tempo de reagir... Foram *riddled with bullets...* Lindo, este *riddled with bullets!* – picotados a bala...

– E escaparam os bandidos?

108   AMÉRICA

– Certamente. Escaparam em dois autos com 200 mil dólares de lucro, uma linda bolada!... Se tiverem juízo, aposentam-se e podem até morrer em cheiro de santidade. Facílimo ser virtuoso e honesto com um líquido de 200 mil dólares no bolso. O crime é negócio, não resta dúvida.

Chegamos. Mergulho por baixo do rio Hudson, através dessa maravilha que é o Holland Tunnel. Avenida da Morte. Riverside Drive, rua 72, número tal – Greylogh Court. Era ali o apartamento de Mister Slang.

Prédio residencial clássico. Elevador com o clássico "negro *boy*". Superintendente com a clássica cara de bêbado. No apartamento, tudo clássico. O *lamp shade* atrás das poltronas estofadas; a lareira. Aquela clássica lareira deteve-me a atenção.

– Por quê, Mister Slang, todos os apartamentos conservam este inútil trambolho da lareira, se todos têm serviço de aquecimento comum por conta do proprietário?

– Força da tradição – respondeu ele enquanto abria umas cartas chegadas na sua ausência. (Anúncio da nova edição da *Enciclopédia Britânica*. Uma oferta de terrenos em Scarsdale.) O homem é bicho de tal modo apegado às formas passadas que até aqui, nesta terra do corre-corre, do muda muda, quando algo muda na essência há a preocupação de conservar a forma antiga para *dar tempo* a que o cérebro se adapte. A lareira vem das eras coloniais, quando o meio de resistir ao frio no inverno era acender fogo dentro de casa. O progresso trouxe a caldeira por meio da qual a água aquecida no porão irradia-se em vapor encanado pelos aposentos. Ficou assim automaticamente resolvido o problema de combate ao frio, mas não há ainda coragem de suprimir a lareira inútil, hoje meramente decorativa. Veja! Está ali ela com achas de lenha dentro, armadas ao jeito clássico da lenha que espera o fósforo. Embaixo da lenha há brasas que se acendem instantaneamente se aperto este botão elétrico.

E assim dizendo Mister Slang premiu o botão. As brasas se acenderam – brasas de mentira, puro efeito luminoso, mas de tal modo iludidoras que causariam inveja a brasas de verdade.

– A lenha – continuou o meu amigo – também é de mentira. Lenha de cimento armado, a imitar galhos toscos. Ilusão apenas. Mas há de crer que me sinto melhor nos dias de inverno, sobretudo de noite, quando tenho essas brasas acesas? A sensação que durante séculos e séculos nossos avós tiveram diante do fogo de lenha traçou um vinco muito forte em nosso cérebro. Persiste ainda. Se a novidade que era o aquecimento a vapor venceu e hoje domina o país inteiro é porque foi bastante hábil para transigir com a velha lareira, conservando-a, inútil, ao seu lado. E assim tudo na vida.

CAPÍTULO XIII

Evolução a galope. Clarence Darrow, a Bíblia e as portas de aço. Casas sem janelas. Para que janelas? Cidades verticais. O longo recorde do Woolworth. Sua derrota.

De fato é assim tudo na América. Evolução a galope, mas sempre procurando conciliar as formas do passado com a essência do presente. Ciência em massa, ciência em tudo – e o Jeová bíblico ao pé. Na mesma estante, Darwin, Clarence Darrow, Wells – os diretores do pensamento científico – e a Bíblia. Para esta, o respeito levado até o ponto da intolerância – e na ação a ciência que destrói todas as bíblias.

Até as formas clássicas do uso da madeira se conservam quando o ferro lhe toma o lugar. Pelas almofadas, pelos frisos, por todo o seu aspecto externo, a porta daquele apartamento era a clássica porta de madeira de todos os tempos. Mas bata-lhe alguém com os nós dos dedos: verá logo que é de aço estampado.

A coragem das formas novas não vem de chofre. Leva tempo a formar-se. Anos e anos. O aço como substituto da madeira ou a ciência como substituta da religião jamais seriam aceitos se viessem de cara, com as formas lógicas e naturais que irão ter um dia, depois da vitória plena. Têm de vir disfarçados, com pés de lã, como gato ladrão. E humildes, sem que se vangloriem de coisa nenhuma.

Discutimos esse ponto. Mister Slang concordou comigo quanto à porta de aço, quanto à lareira e quanto à Bíblia. Por fim veio com uma pergunta que me tonteou:

– E as janelas? Sabe por que os arranha-céus têm janelas?

– Homessa! Onde já se viu casa sem janela?

– Eis a razão *única* – não ter existido no passado casas sem janelas. Mas se você analisar essa coisa nova que é o arranha-céu – monstro que nada tem que ver com o que a humanidade sempre chamou casa – verá que a janela, e mais certas coisas que o arranha-céu conserva, constituem apenas concessões ao passado, visto como na essência tais edifícios não as necessitam, nem as justificam.

A ideia pareceu-me cômica. Julguei que meu amigo estivesse a pilheriar, coisa contra os seus hábitos.

– Sim – continuou ele vendo a minha cara dubitativa. – Houve a casa, primitiva habitação do homem desde a era lacustre, sempre com portas e janelas por não haver outro meio de meter dentro ar e luz. O americano, com o seu ímpeto de criar coisas novas adaptadas às suas novas necessidades, desenvolveu esse velho elemento casa com tal extensão que produziu o arranha-céu. Por força do hábito associamos a ideia do arranha-céu à da casa; mas se meditarmos um minutinho veremos que nada tem uma coisa a ver com outra.

– Por quê?

– Porque em absoluto não é casa. Será, sim, uma cidade vertical. Casa, lar, *home*, habitação, moradia, bangalô, chalé, palhoça, cabana são formas várias da casa primitiva, isto é, da caverna brutesca onde o troglodita ancestral se abrigava dos tigres-dentes-de-sabre. Depois veio a casa gregária, para moradia de várias famílias, isto é, um grupo de habitação num só edifício. Houve vantagens. O mesmo porteiro tomava conta duma série – aqui neste prédio existem setenta apartamentos, isto é, setenta casas, setenta lares reunidos num só edifício. Um só porteiro – economia. Um só elevador – economia. Mais segurança, mais conforto, menos trabalho para cada morador. Mas até aqui temos criação universal, não propriamente americana. A casa gregária vem da Europa, onde foi concebida e se desenvolveu ao lado da habitação isolada. Pergunto: tem o arranha-céu alguma coisa que ver com o tipo clássico da habitação?

– Realmente...

– Constituem cidades verticais, isto sim. Visite o Chrysler, o Woolworth e o Empire Building e mais cem ou duzentos aqui em Nova York. Quantas pessoas abriga? Milhares. Dez, vinte

Tipo de casa de apartamentos em Nova York

mil. O Empire foi calculado para quarenta mil. É casa? Claro que não. Pura cidade vertical. Os elevadores não passam de linhas de bondes verticais. O sistema de transporte do Empire consta de 58 linhas de bondes verticais paralelas, onde trafegam continuamente 58 carros elevadores. O total dessas linhas vai a muitos quilômetros. O total dos cabos de tração soma 192 quilômetros. O leito das linhas, o oco através da massa do edifício por onde os carros deslizam, dá, somado, um percurso de onze quilômetros e pico. É o Tramway da Cantareira picado em pedaços e posto quase todinho em sentido vertical dentro duma "casa".

O Woolworth, já muito distanciado pelo Empire, possui intestinos e órgãos que assombram o visitante. Lá estive certa vez, a ver o que o público não vê: a tremenda usina que faz funcionar aquele corpo. Os formidáveis dínamos produtores de força e luz elétrica em quantidade suficiente para iluminar uma cidade de cinquenta mil habitantes. Geradores de vapor, seis, gigantescos, somando uma capacidade total de 2.500 cavalos-vapor. As carvoeiras, tendo sempre em *stock* duas mil toneladas de coque; 35 mil pessoas trafegam em seus elevadores diariamente, mais de onze milhões por ano; 2.800 telefones, com uma média diária de 38 mil chamados. Podemos denominar a isto casa?

– Mas as janelas? O amigo perdeu o fio.

– Sim. Para que conserva o Empire janelas? Concessão ao passado, apenas. Biblicismo. Porque nada justifica a perda de espaço que as janelas ocasionam num monstro desses.

– E o ar? A luz?

– Se as janelas dão entrada ao ar, dão entrada igualmente às poeiras ambientes. Quanto à luz, a ciência produz hoje com a eletricidade luz perfeitamente igual em poder iluminante e efeitos fisiológicos à do sol – luz vitaminante. A supressão das janelas será equilibrada com vantagens pela insuflação de ar purificado, sem poeiras nem bactérias, ar das montanhas ou do alto-mar, com a temperatura exata que se deseje. Nele, nesse ar-condicionado que já me está fazendo vir água à boca, vibrará uma luz artificial perfeita como a do sol, mas sem as irregularidades desta.

CAPÍTULO XIII   **115**

O edifício Empire

CAPÍTULO XIV

Tudo vem do sonho. "Amos and Andy" conversam e a América se detém para ouvi-los. Ford, Rockefeller, todos os magnatas interrompem seus negócios quando os dois negros conversam.

— Mas isso é sonho, Mister Slang. Pura fantasia... – exclamei aterrorizado.

– Tudo vem dos sonhos. Primeiro sonhamos, depois fazemos. Mas é coisa que já passou da fase do sonho. Aqui tenho – disse ele indo à estante próxima – um estudo muito recente em que um audacioso engenheiro encara o problema sob todos os aspectos. Demonstra, por exemplo, o absurdo do Equitable Building, com as suas 5.500 janelas comedoras de espaço e trasfegadoras do sujíssimo ar das ruas para dentro do prédio. A não ser para espiar fora, não vê ele razão para esse absurdo, agora que a ciência resolveu de maneira maravilhosa o problema da insuflação de ar absolutamente puro e da produção de luz solar por meio de lâmpadas. Leia o trabalho. Convencer-se-á, como me convenci. Verá que é tão absurdo janelas num arranha-céu como nesta sala essa inútil lareira que deu origem à nossa conversa sobre o assunto. Concessões ao passado. Biblicismo. Inda espero viver o necessário para residir num apartamento onde disponha de pura luz solar quando o aprouver – a mim, e não quando o aprouver a Febo; ar decente, limpo, lavadinho, dosado à temperatura escolhida, em vez dessa miserável sujeira gasosa que com o nome de ar nos entra da rua.

O relógio deu sete horas – o relógio elétrico, com a hora vinda lá de longe, duma companhia central. Era tempo de abrir o rádio.

O bloco da Equitable

– Paz às janelas! – exclamei dirigindo-me ao aparelho de rádio do meu amigo e entonando com a estação WJZ. Amos and Andy! Haverá entre os 120 milhões de habitantes deste país alguém que não sorria ao simples enunciado destes nomes?

– *Shut up!*[9] – exclamou o meu amigo.

Calei-me. Outro valor mais alto se erguia. Amos e Andy estavam a discutir os fatos da véspera. E Ruby Taylor? Não viera de Chicago, não. O pai a prendera por mais um dia, explicou Amos suspirando.

Esses dois negros viviam da exploração dum táxi de capota esfuracada. Daí o nome da empresa – The Fresh Air Taxi Cab Company of America Incorporated – ou *"Incorpolated"*, como dizia Andy, o gordo, o preguiçoso, o patifíssimo Andy. Era a vidinha deles, seus namoros, seus negócios, suas encrencas com a polícia e o mais que pode ocorrer na vida comuníssima de dois negros do Harlem (o bairro negro de Nova York), o objeto do diálogo maravilhosamente impregnado de verismo que apaixonava a América inteira.

Amos, profundamente sincero e honesto, caráter dos mais puros que se possam imaginar. Andy, piratão, preguiçoso, sempre "trabalhando na escrita" ou "descansando o cérebro", autoconvencido de que a empresa não podia prosperar sem a sua diligência.

Impossível dar ideia dessa criação genial. Tomaria metade dum livro, para no fim o autor maldizer a má ideia de o haver tentado. É obra d'arte que vive e que todos os dias por quinze minutos impregna o ar, donde é captada pelos milhões e milhões desses receptores que estão dando um sexto sentido ao americano. Começou o "achado" em março de 1928 – e sabe Deus quando acabará. Inventores: dois artistas de variedades, Correll e Gosden, branquíssimos. Correll faz Amos, Gosden faz Andy. Juntos "fazem a América": 200 mil dólares por ano – e ainda a vitória do Pepsodent, a pasta dentifrícia de Chicago que os utiliza para fins de reclame.

Por que tamanho sucesso? As razões de sempre, em matéria de arte. Verdade, sinceridade – talento. Aquilo não lhes sai

---

[9] *Cale-se! Nota da edição de 1946.*

dos miolos, como Minerva saiu da coxa de Júpiter. Estudam. Metem-se nos bairros dos negros, a observá-los, e cada dia pescam um novo traço psicológico, alguma nova expressão, dessas que quando reproduzidas numa obra d'arte provocam do espectador a consagração suprema desta frase universal: "Mas é isso mesmo!".

Nada mais frequente, nesta América absurdamente grande, do que referências, na conversação, às ideias, palavras, incidentes, coisas, em suma, de Amos e Andy, seja por parte de operários, seja por parte de capitães da indústria. Empresa nenhuma industrial, nem talvez a Ford Motor Company, é mais popularmente conhecida de norte a sul do que a Fresh Air Taxi Cab Incorporated of America. Nenhum homem, nem Charlie Chaplin, bate os dois negros em popularidade.

Um dia estava eu num restaurante musicado a rádio. Sala cheia. O zum-zum característico das casas à cunha. Murmúrio de conversas misturadas. Todo mundo, centenas de pessoas, absorvido numa coisa só – comer e conversar a meia-voz. Enquanto isso o rádio ia dando os seus números. Música, *songs*, diálogos. Ninguém prestava atenção, ou, melhor, davam-lhe todos meio ouvido, reservando o resto para a prosa. Súbito, ressoou no ar a ária melódica, sempre a mesma, que preludia a entrada em cena de Amos e Andy.

Milagre! Consagração pela qual choram inutilmente centenas de artistas! Rápido silêncio se fez, o silêncio reticente que abre folga na conversa quando um valor mais alto se alevanta. E na única mesa em que a conversa continuou foi logo suspensa por um *psiu* geral. E durante quinze minutos reinou ali um silêncio de igreja – para que o diálogo dos dois negros fosse ouvido integralmente...

Assim, naquele dia. Meu eterno diálogo com Mister Slang foi cortado pelo *psiu* da musiquinha melódica anunciadora do número – e só retomou seu curso quando os quinze minutos sagrados decorreram.

– Veja você – disse-me então o meu amigo –, como muda o mundo por força das invenções. Eu ia sempre ao cinema logo depois do jantar, como toda gente. Veio o rádio, vieram estes dois diabos do Amos e do Andy e agora tive de mudar de horário. Hoje faz parte da minha vida saber o que aconteceu na véspera lá na Fresh Air Taxi Cab Co... E como eu, toda gente. Imagino que até os Fords e Rockefellers, por maiores negócios que estejam conduzindo, interrompem-nos às sete horas para se inteirarem de mais um pedaço da vida dos dois negros.

Pus-me a imaginar a cena. Vi Rockefeller Junior em reunião com uma série de titãs da arquitetura esfuracadora dos céus discutindo os detalhes mais importantes da futura Radio City, onde vai empatar a soma de 250 milhões de dólares. Roxy, o futuro diretor da imensidão, está presente.

– Senhores – diz Roxy, com a autoridade que lhe deram a ideia e a realização da Catedral do Cinema, na Sétima Avenida –, em meu cérebro está bem nítida a estrutura orgânica da Radio City. Quatro blocos no ponto mais central de Nova York, lançando para as alturas a massa inédita desse edifício único. Na parte térrea, todos os teatros – ópera, drama, comédia, música, cinema, dança – e todas as salas – conferências, palestras, demonstrações, tudo o maior, o mais luxuoso e o mais perfeito do mundo. Nos andares imediatamente superiores, estações poderosas que irradiem tudo o que embaixo se represente ou seja criado. Mais acima, as estações televisionadoras, que irradiem concomitantemente a visão das produções do andar térreo. Teremos assim criado *algo nuevo* em matéria de produção em massa – a *mass production* artística, única que ainda nos falta. E se por um instante visualizardes o que vai esta associação de artes representar para o país...

– *Psiu!* – murmura Rockefeller Junior ao soar das sete horas, entonando na WJZ o rádio que tem à sua direita. E durante quinze minutos, a ouvirem de como Andy desviou 3 dólares da caixa do Fresh Air Taxi Cab Incorporated para o bolso de Kingfish, e agora escarafuncha meios para justificar a "despesa", aqueles homens tremendos, donos da América, donos do mundo, deram pausa à arquitetação da maravilha com que vão assombrar o universo – para não perderem mais um episódio da vidinha de dois negros do Harlem. O estudo do emprego de 250 milhões de dólares cedera o passo ao conhecimento do emprego dos 3 dólares da Fresh Air Taxi Cab Co...

– Pois é – disse Mister Slang bocejando.

Sem saber a que se referia aquele "pois é", notei que o meu bom amigo estava cansado da viageira e pois desejoso de que eu me retirasse. Despedi-me e saí, com um novo encontro apalavrado para o dia seguinte no topo do Chrysler Building.

– Espero você às oito no *lo-ob-by*... – concluiu ele num bocejo.

Disparei para casa.

CAPÍTULO XV

A Catedral do Cinema. A bilheteria do Cine República em São Paulo. A marquesa displicente. Espírito criador que desrespeita o passado clássico.

Às nove horas estava eu no cinema Rialto, curioso de ver Gloria Swanson em pessoa. Levavam em *première The trespasser*.

Apesar de vindo um pouco cedo, tive de entrar na cauda – instituição americana mais respeitada que o próprio Deus da Bíblia. Não há polícia tomando conta dela e evitando que os chegados por último usurpem o lugar dos que chegaram primeiro. A cauda forma-se por si, automaticamente, e defende-se por si mesma, também automaticamente. Forma-se de dois a dois, muitas vezes serpeando pelos passeios ao longo de duas ou três quadras. Ai de quem tenta enfiar-se nela, em vez de procurar o fim e pacientemente esperar a sua vez!

Tem muita filosofia a cauda americana. Mostra o grau de disciplina a que chegou o povo, mostra a aceitação instintiva da forma que melhor atende ao fim coletivo: entrar sem tumulto e na ordem de direito. O instinto de conservação a criou. Sem ela a América, este monstruoso formigueiro humano, não poderia funcionar. Esperar a sua vez, ocupar o seu lugar – como isso que parece fácil é difícil num país latino! Nunca estive metido numa destas caudas daqui sem que me viesse à lembrança a inaptidão caudal do meu país. Lembrava-me sempre do Cine República, em São Paulo, nos tempos em que esteve em moda. Inutilmente a polícia tentou organizar a cauda, como único meio de conduzir com ordem a venda de bilhetes. A indisciplina, a rebeldia nacional não deixava. Quadro fascinante, a bilheteria do

República à noite! O povo – e não era povo baixo, antes a nata de São Paulo – comprimia-se diante dela, esmagava-se, apisoava-se, cada qual procurando entrada antes dos outros, como se os bilhetes fossem salva-vidas dum navio a naufragar. E consegui-los constituía vitória dessas que transluzem no feroz triunfador por um estranho brilho nos olhos, camarinhas de suor na testa – e roupas rasgadas. Este perdia a gravata, aquele se via de colarinho arrebentado – todos arrenegavam dos calos remoídos no apertão.

Encaudei-me para ver a Gloria Swanson e, como a cauda se move com lentidão, pus-me a matar o tempo pensando no Roxy e em coisas conexas.

O Roxy é o Roxy. Quero dizer que o Roxy teatro é o Roxy homem – o homem que ideou o teatro e o conduz desde o começo. Quem é este Roxy? O americano. Que fez ele? Uma americanice. Típico que é, vale a pena deter-nos uns minutos na sua obra.

Começou a vida como começam todos aqui – trabalhando no primeiro serviço que se lhe deparou, e dele saltando para outros, impelido pela mola que impele todos os americanos para cima, para mais alto, para MAIS, em suma. Um dia meteu-se no rádio como *speaker*. Ali fez público, isto é, popularizou-se, tal a maneira toda sua com que anunciava. A coisa que os americanos mais prezam é a *personality*. Quem a possui vai longe. Quem não a tem naufraga. Roxy tinha personalidade, e a circunstância de dispor do rádio para demonstrá-lo ao país fê-lo tremendamente popular.

Começou então a sonhar o teatro que tem hoje o seu nome, um teatro que excedesse a tudo quanto fora concebido no gênero desde que o mundo é mundo. Sonhou, sonhou, sonhou. É o método americano – sonhar primeiro, bem sonhado. Depois, realizar. Quando sentiu que tinha terreno sob os pés, deixou o lugar de *speaker* e deu a público a sua ideia. Imediatamente os homens de dinheiro foram seduzidos e uma companhia se organizou para a ereção do teatro que Roxy tinha na cabeça. Um, dois, três – e a Catedral do Cinema surgiu.

Descrever com palavras uma catedral dessas é tolice. Digamos apenas que é um sonho realizado, onde o público, desde a inauguração até hoje, sem falha de um só dia, forma cauda à porta e lá dentro goza dum ambiente de sonho – e sonha. Esse sonho vem rendendo ao teatro Roxy um lucro líquido anual de 5 milhões de dólares...

Todas as vezes que fui ao Roxy pus-me a sonhar coisas extramundo. As seis mil pessoas que permanentemente lhe ocupam as poltronas creio que fazem o mesmo. Daí a sensação de fuga à realidade que o Roxy nos proporciona.

Já de entrada as estações mudam. Se estamos no inverno e nas ruas cobertas de neve o frio nos corta a cara, mal penetramos no Roxy caímos em temperatura de primavera. E se estamos no verão, a derreter-nos naquele abafado forno que é Nova York nos dias de onda de calor, o Roxy resfriado vale-nos por um sorvete ambiente.

Soa o órgão. O órgão! Quando falamos em órgão lembramo-nos dessa coisa de igreja, velha como a velhice, cujos sons tão bem entoam com o ambiente recolhido dos templos. No Roxy o órgão se chama órgão por falta de melhor palavra, ou talvez porque é um órgão por meio do qual o som musical se nababiza. Nababização do som! Soa a disparate, mas como definir aquela riqueza sonora, inédita no mundo, que nos envolve de todos os lados e nos "ergue da cadeira"? *Mass production* da levitação...

De todos os lados, disse eu, e não menti. A coisa parece disposta de maneira que os sons ora defluem dentre os ornatos das paredes da esquerda, ora dos da direita, ora do teto, ora do chão. Afeitos a ouvirmos sons musicais sempre irradiando dum mesmo ponto – do piano, do trombone, do violino que os produz, aquele sistema novo do som envolvente nos colhe numa tontura de imprevisto. Envolvente, circum envolvente... Desaparece o instrumento que o produz – e de fato não é um instrumento que o produz. Se a um canto está o organista que executa suas músicas num teclado, pequenininho naquela imensidão, não é daquele teclado que surge a música. O organista apenas, passeando os dedos pelas chaves, abre válvulas à máquina mágica como que dispersa por todo o edifício, por meio da qual as vagas sonoras se derramam na catedral. Instrumento? Não. Arte do diabo, magia.

CAPÍTULO XV

A América tem sido muito mal compreendida pelos que nela esperam encontrar apenas as clássicas formas da criação artística universal. Esquecem-se os observadores capengas de notar "o mais" que a América está dando, o novo, o inédito, na sua ânsia de arrancar-se ao status quo da civilização cristalizada na Europa. Bárbaros, lhes chamam os incompreensivos – esquecidos de que foram os bárbaros os criadores de toda a civilização europeia, depois de aniquilada a golpes de machado a civilização greco-romana.

Estes bárbaros da América, apesar de filhos de europeus, fazem o mesmo que o vândalo fez com o seu machado nos Antínuos, Apolos e Vênus de mármore dos gregos – e foram essas machadadas que possibilizaram o *Moisés* de Michelangelo e certos sonhos de pedra de Rodin – marcha para a frente em matéria de representação escultural da emoção humana. Que é o jazz, senão o novo machado com que destroem o classicismo dos Fídias e Praxíteles da velha música europeia para dos escombros criar música maior? Da primeira vez que vi um noturno de Chopin sincopado, revoltei-me.

Veio-me depois a compreensão – e hoje o Chopin clássico me soa tão piegas em face da sua versão americana como o sobrado nosso em face do arranha-céu.

A indignação do europeu contra o americano provém disso, deste desrespeito barbaresco, cujo alcance criador não pode ser compreendido de longe. O jazz fora da América soa mal – está desambientado. É frase solta, isolada citação dum livro. A mesma frase que assim destacada soa mal, quando integrada na obra justifica-se a ponto de criar emoção. Chopin foxtrotizado há de ser ouvido ali, naquele Roxy, onde a riqueza do ambiente e a nova apresentação do som em vagas sonoras exigem temas dessa ordem. Só se casará e se mostrará entonado com o resto, algo monstruosamente audacioso, como esse despedaçar dum ídolo, seja Chopin ou Beethoven, para com os divinos cacos prestar-se, numa *jonglerie* sublimemente ímpia, a suprema homenagem à Coisa Nova.

Os próprios americanos não compreendem, na maioria, o ímpeto irresistível do gênio humano que se espoja nesta terra livre de todas as peias. Daí a virulência de um Mencken e o escrever com o olho na Europa de um Sinclair Lewis. Se em vez dessa atenção a lados, a grupos, a ideias que parecem verdadeiras porque são muito antigas, auscultassem o que lá no imo sente o *Homo* diante das intrépidas manifestações do americanismo, se medissem o *thrill*, o *elatement* de algo mal definido, outra seria a atitude dos verdadeiros grandes homens deste país: costas voltadas para a Europa e berros dionisíacos na boca.

Inda há de surgir o Nietzsche americano que ponha em filosofia e imponha ao mundo, como dogma novo, a impetuosidade alegre dos grandes vândalos que estão a criar o mundo de amanhã. Que divinize como a coisa mais grata ao nosso instinto fundamental o murro de martelo pilão com que um Tunney mete por terra um Dempsey. Que divinize a audácia de arrancar as catedrais à mística religiosa para dá-las, multiplicadas em ímpeto ascensor, ao comércio, ao cinema, ao rádio. Que divinize o "mais, mais, mais" que não se perde em refletir à grega: "Sim, mas mais até onde?". Que realize a supressão da palavra "até". O "até" limita, e por que limitar?

O Empire Building tem 380 metros de altura. Por quê? Por que motivo o limitaram a esse nível? Resposta americana: "Porque dados os materiais de construção de que a engenharia moderna dispõe, essa altura é a máxima a que um prédio pode atingir". Sim, é isso. No dia em que um novo material for descoberto, que permita uns metros a mais de arranque para o alto, o Empire será batido. Não há "até" na América.

CAPÍTULO XVI

A dominação feminina. Quem manda é a mulher. O rancor de Mister Slang contra a vitória da americana. O tzar do cinema. A censura. O caso *Coquette*.

Enquanto eu assim filosofava, chegou minha vez. Comprei uma entrada, entrei; vi a fita e por fim repastei meus olhos na Gloria Swanson em pessoa. Existe, não é ficção. E tem o nariz justamente como a sua sombra na tela indica. E o marquês? Oh, o marquês, esse não existe. Marquesou-a apenas para lhe satisfazer um capricho de gata arquifarta e agora reside na França. Mas Gloria, já igualmente farta, pensa em divorciar-se. E a América, que é profundamente feminina e não perde um *gossip*, jamais se lembra dela sem perguntar: "E então, Gloria, quando o divórcio?". Não tivesse a estrela outras razões para soltar o marquês e teria essa – satisfazer a curiosidade da América nesse quando.

– *Hello, Mister Slang!*

Conforme o combinado, lá estava no *lobby* do Chrysler Building o meu velho amigo inglês. Contei-lhe da minha ida ao Rialto, na véspera, a ver o nariz de Gloria.

– Por falar em cinema – disse ele –, li hoje no *Scribner's* um artigo bem curioso. Um escritor, dos independentes, denuncia a escravização do cinema às mulheres.

– Não vejo mal nisso – observei. – O cinema há de estar subordinado a um ou a outro sexo. Que faz que o esteja ao sexo da Gloria?

– Espere. Está escravizado às mulheres do Women's Club, esse monstro de sete milhões de cabeças que em última análise tudo decide neste país, que fez a Lei Seca, que derrotou Al

Smith. A mulher na América, como você deve ter notado, tem duas idades – a da frescura da flor e a do chapéu alto. Na primeira é a *girl*, essa linda independência cor-de-rosa que brinca de *maillot* nas praias, que inventa modas loucas como a do *sun tan* – queimar-se ao sol, cobrir o rosto de sardas; que lê todos os *best-sellers* aparecidos...

– Perdão, Mister Slang. Elas é que criam os *best-sellers*, contou-me um editor. Quando embicam, sem que se saiba por quê, por um livro adentro, transformam-no em *best-seller*.

– Ou isso. E que viram estrelas de cinema; que trotam na rua de rumo ao trabalho de escritório donde andam a alijar os homens, que mantêm uma série de *boyfriends* – um para pagar o teatro, outro para custear os comes nos Child's, outros para os passeios, até que escolham para casar um quarto, fora da roda; e *girl* que casa e descasa; que beija quando quer beijar; que tem todos os ímpetos do animalzinho novo e livre no seu habitat; que escreve no *True Stories* a história das suas experiências; que...

– ... que diz: *I'll take care of myself*...

– ... e que realmente toma conta de si própria, não necessitando que alguém a defenda; que não se preocupa com a moda no grau usual às moças do resto do mundo porque já não precisa dessa arma para atrair o homem...

– Acha isso, Mister Slang?

– Acho. A moda, como a cor e o perfume nas flores, tem uma função sexual. Insídias da natureza na sua eterna preocupação de realizar a sobrevivência da espécie. A moda aumenta o *sex appeal* – atrai para o estame o pistilo incauto. Daí ficar a moda como a arte suprema, a preocupação única de mulheres nos países onde não há salvação fora do casamento, isto é, da escolha por parte do homem. Aqui tal arma está bem decadente. Desde que conquistaram a independência econômica, as mulheres deixaram de depender do homem. Não mais veem nele a saída única; não mais se conservam nas vitrinas sociais durante a mocidade, à espera de que um macho se tente com os seus encantos naturais ou adquiridos e lhes dê a honra de as tomar como esposa ou o que quer que seja.

Quem casa aqui não é o homem, é a mulher. É ela quem pede em casamento, ou melhor (já que a mulher na América nada pede), é ela quem determina o casamento. "Bob", diz uma ao rapaz que tem ao lado, "a quanto montam os teus rendimentos agora?" "Cem dólares por semana." "Bem, chega. Escuta lá. Depois de amanhã é dia dos anos do meu mais querido *boyfriend*, o Buddy, conheces? Adoro o Buddy! Somos amigos desde os tempos de escola. Quero festejar o seu aniversário dum modo gracioso – dando-lhe a honra de ser padrinho do 'nosso' casamento. Tira a licença amanhã, sim? Depois de amanhã às duas da tarde estarei com ele no City Hall para casar-nos. Não te esqueças, vê lá. Duas horas."

Bob, tonteado pelo imprevisto e todo confuso de ideias, pergunta, na sua atrapalhação: "Mas casar com quem, Peggy?". "Contigo, meu pateta! Com quem mais? Que é que te passou pela cabeça, meu amor?"

Essas criaturas encantadoras, únicas no mundo, as *American girls* que os pintores europeus em trânsito proclamam os mais lindos seres da terra, os mais perfeitos de plástica, esguias que são de corpo, sólidas como Hellen Wills, a rainha do tênis, seguras de si, amigas de *whiskey* em doses maciças depois que a proibição tornou o uso do álcool um crime, essas flores de carne que Florenz Ziegfeld glorifica nos seus *shows* sensacionais, que fumam, que...

– Por falar nisso... – disse eu, interrompendo Mister Slang antes que ele perdesse o fio da frase. – Ontem li que as *Co-eds*[10] do Margaret Morinson College, de Pittsburgh, fizeram um plebiscito para regular a questão do cigarro. A maioria decidiu que fumar não quebrava as regras da instituição, nem perturbava os trabalhos escolares – se o vício fosse cultivado num salão adequado a esse fim. A diretoria da instituição torceu o nariz, mas teve de aceitar o *veredictum* e organizar o *fumoir*. A diretoria declarou: "Nós pessoalmente deploramos o fato. Não poderíamos nunca encorajar o vício do fumo entre as nossas moças, mas temos de admitir as condições como elas existem".

– Sim, esse fato é mais um a dar razão ao juiz Lindsey no seu livro sobre a revolta da mocidade. Se somos o dia de amanhã, por que nos submetermos às imposições do dia de ontem?,

---

[10] *Meninas educadas junto com meninos. Nota da edição de 1932.*

Universidade de Pittsburgh

pensam elas. Pois bem – continuou Mister Slang voltando ao assunto do começo da conversa – quando esse intrépido animalzinho rebelde perde a frescura, a maciez da pele, o brilho dos olhos, o arrebitamento do nariz e começa a virar matrona, muda imediatamente de campo. Passa das fileiras da revolta para as do conservantismo feroz. O sinal externo da mudança, além da queda do *sex appeal*, é o célebre chapéu alto que entram a usar. Ai! Que medo tenho duma matrona de chapéu alto, signo infalível de que está contra tudo quanto propugnou na idade rósea! Entram para o Women's Club e começam a sua terrível fase de "trabalho social", eufemismo com que disfarçam a realidade. A realidade é que entram a mandar e desmandar. A grande arma passa a ser o *Can't* – o "Não pode", não à moda do Brasil, gritado na rua, mas organizado, sistematizado, inquisitorial, cruelmente feminino. Puritanizam-se. Jesuitizam-se. Passam a olhar de má cara o amor, a perseguir os livros independentes, a condenar ao fogo Rabelais e a exercer a censura sobre todas as manifestações artísticas e literárias da América. Sabe, meu amigo, que a verdadeira razão da América não possuir uma arte à altura da sua força criativa procede desta conspiração das macacas de chapéu alto?

– Já desconfiava disso – murmurei sorrindo daquele "macacas", expressão excessivamente forte na boca de Mister Slang.

– Esse artigo do *Scribner's* – continuou ele – revela a sabotagem do gênio artístico por elas exercida no que diz respeito ao cinema. *Moral racketeering in the movies*, é o título e o tema da denúncia.

Há a censura oficial, como você sabe. E há o famoso Will Hayes, hoje chamado tzar da terceira indústria em importância deste país e, portanto, do mundo. Subiu Hayes a essas altitudes pela sua ação jesuítica no escândalo Fatty Arbuckle – o Chico Boia. A sua indignação jupiteriana deu-lhe o apoio dos sete milhões de chapéus altos do Women's Club – e hoje ele dita as leis do cinema com o apoio secreto das matronas. Hayes não passa dum simples instrumento do chapéu alto. O corpo oficial da censura, estúpido, odioso como toda censura, é, entretanto, manobrável, acessível a argumentos; mas a censura do Women's Club, secreta e inoficial, é invencível.

A velha censura julga as obras já produzidas em virtude de missão que lhe dá a lei. As matronas inventaram coisa melhor – a pré-censura. Antes que um tema seja cinematografado passa pelo crivo das conspiradoras e sofre todas as mutilações. Will Hayes aceitou e impôs aos industriais do cinema essa fórmula, que eles também aceitaram porque lhes rende dinheiro, já que evita prejuízos. Filme pré-censurado está livre de condenação pela censura oficial. Atrever-se o National Board of Review e recensurar seria incorrer nas iras do clube onipotente. Não o faz.

O caso de *Coquette* é típico. Era uma pura obra d'arte, audaciosa, saída do cérebro do autor na forma pela qual o seu gênio emotivo a concebeu. História dum *gentleman* do sul, causador da morte dum rapaz e duma *girl* que tinham violado o velho código da escola. Foi levada em Nova York com grande aceitação do público por meses e meses, e depois em numerosas outras cidades do país. A crítica desmanchou-se em louvores. A assistência, em palmas.

Um dia resolveram pô-la no cinema para a estreia de Mary Pickford no cine falado. Tudo perfeito: tema ótimo, peça ótima, ótimo diretor e ótima estrela. Nada faltava para fazer de *Coquette* na tela o sucesso que fora no palco.

Mas... havia a pré-censura. O *sales manager* teve a habitual conferência com o tzar no escritório deste, o qual, depois dos indispensáveis cochichos com a organização secreta das pré-censoras, comunicou-lhe que o enredo tinha de ser mudado. As matronas achavam mau para o público que a heroína tivesse o filho que na realidade (ou pelo menos na concepção do autor) teve. Uma alteração foi "sugerida".

Mary Pickford objetou. Tratava-se de sua estreia e não queria uma peça aleijada. O *manager* declarou ser inútil esperar que a Censura admitisse o filme, se as "sugestões" matronais não fossem aceitas. A heroína não podia apresentar-se de filho. É proibido filho fora do casamento. Também o pai da heroína, e não esta, é que devia suicidar-se. Tais alterações destruíam toda a força, unidade e originalidade do tema. Seria como no "Putois" de Anatole France aparecer no último capítulo o herói em carne e osso.

Não houve remédio. Ou nada se fazia, ou se fazia a coisa como as tiranas secretas desejavam. Já desinteressada, a pobre Mary deu início à filmagem, suspirando. Enquanto isso, novas "sugestões" chegavam do escritório do tzar. A palavra *whiskey* não devia ser usada, porque a Censura do estado de Kansas objetaria. A heroína não devia ser beijada *on the neck*, porque o beijo na nuca era tabu no estado de Maryland – e mais coisas. Afinal a peça, desse modo mutilada, se concluiu, mas nem assim pôde ser dada a público. Tinha de ser exibida preliminarmente perante uma comissão de cinco chapéus altos em Nova York, os quais conferenciaram entre si, deram seus votos e afinal selaram a peça com o selo-sésamo que abre todas as portas – *Good*. Só depois subiu à Censura oficial, que outra coisa não tinha a fazer senão apor a sua nota de aprovação.

CAPÍTULO XVII

Ainda a censura. Como se exerce. Ninguém escapa da mutilação, seja Tolstoi ou Theodor Dreiser. O caso de Fatty Arbuckle. O perigo do álcool para os indivíduos que pesam mais de cem quilos.

— A Censura – continuou Mister Slang – é o meio insidioso com que a Moral – e por Moral não quero dizer a moral natural ou filosófica, conjunto de princípios e normas de conduta que, sem infração das leis da natureza humana, permitem a vida em sociedade. Quero dizer a tirania da religião e da política, associadas em simbiose, com olho na dominação das massas em proveito dos que fazem da religião e da política um negócio. A esperteza está em arrastar as massas a se convencerem de que é de interesse social o que na realidade é do interesse apenas dessas elites dirigentes.

A Censura constitui a grande arma secreta de tal *fascio*. Eu disse grande porque é realmente grande.

Sendo hoje a arte do cinema a terceira indústria da América – e ser o terceiro qualquer coisa na América vale por algo muito sério no mundo – e sendo ainda a de maior difusão, a que alcança maior número de cérebros...

– Inda ontem li que a frequência dos 23 mil cinemas americanos sobe a 115 milhões de espectadores por semana...

– Exato. Sendo de todas as artes a que se industrializou em mais alta escala e, portanto, a que exerce maior ação direta nas células cerebrais do público, criando impressões que nelas vão perdurar pelo resto da vida, era necessário, era negócio, que a Moral se insinuasse na raiz do cinema, nas suas nascentes, para com pequeno esforço deformar no gérmen os seus produtos, alcançando desse modo a tremenda ação que alcança. Surgiu, então, em nome dos mais altos interesses sociais, a Censura.

Como se exerce? Há aqui seis grupos de censores, um em Nova York, outros em Maryland, Virgínia, Pensilvânia, Kansas, Idaho e Ohio, compostos de percevejos catados nas sacristias da política e da religião. O público jamais pediu isso. O público, no seu instintivo bom senso – que é o senso de acertar – jamais pediu censura de nenhuma espécie. Sabe muito bem, com o seu aplauso ou repulsa, incentivar ou censurar o que lhe cai no agrado ou desagrado. Mas acima do público pulam os "moralistas" fanáticos, vítimas de perturbações glandulares, gente de molas íntimas muito bem desvendadas por Freud e seus discípulos – bichos de má infância, com recalques levados a grau agudo. E como os cortes que eles fazem nos filmes representam grandes prejuízos para as empresas produtoras, tiveram estas, sempre atentas à parte financeira, de submeter-se.

É espantoso, é incrível, é abracadabrante, isto dos maiores artistas modernos, as mais altas mentalidades criadoras, terem de deformar seu pensamento e mutilar suas criações porque um certo número de percevejos humanos foram vítimas de má infância! E, no entanto, assim é.

Já assisti a um desses "julgamentos". O filme fora concebido por um dos artistas máximos da Inglaterra – um que no livro é livre, apesar de que até o livro na Inglaterra está, no quanto pode estar, sujeito a uma censura do mesmo naipe. O diretor fora tomado dentre a flor dos diretores americanos – creio que se tratava de Carl Laemmle. Os artistas eram essa Garbo que já há tantos anos enleva o mundo e não sei qual o galã – faz tempo isso. Pois bem, a obra d'arte coletiva que esse grupo de artistas de escol compusera teve de passar pelo crivo mental de três percevejos bípedes, assistidos de três baratas de chapéu alto, que a espaço franziam a testa e – *Stop!*. Corte-se isso, corte-se aquilo! Estavam "limpando" o filme de todos os seus *evil-doings*. Imagine-se a arte escultural grega submetida a um processo "moral" desta ordem. Praxíteles apresenta a sua Vênus de Cnido. Três percevejos e três baratas franzem o nariz.

– "Essa nudez está imoral. Vai perverter o público, falseando a verdade. A nudez não existe. Também esse nariz está um tanto sensual. Convém dar-lhe uma forma mais 'pudica'"... e assim por diante, até que a obra-prima se transformasse no mostrengo suscetível de satisfazer aos seis piolhos da Moral.

Esses corpos de Censura que aqui temos são simplesmente grotescos. O de Maryland é presidido por um farmacêutico político, muito hábil em preparar supositórios e tricas. O de Kansas, por uma *hard boiled virgin*, já de chapéu alto, que não permite o uso da palavra *whiskey*.

A maioria das modificações que impõem são tão grotescas quanto eles. Tirânicas e discutibilíssimas. Quando Emil Jannings fez *The patriot* sob a direção do genial Lubitsch, aconteceram coisas semelhantes às do caso *Coquette*. A peça já havia sido dada a público como a concebera e escrevera o autor Alfred Neumann, sem que isso provocasse a menor objeção de ninguém. Mas ao ser posta em fita encrencou, como vocês dizem lá no Brasil.

Mudanças e mais mudanças. Os percevejos e as baratas da moral objetaram contra as cenas em que Jannings "fazia amor" com Florence Vidor, a amante (no filme) do tzar Paulo I. Eram cenas "pornográficas" e com elas o filme não seria exibido nos teatros da Pensilvânia. Os comitês de Censura dos outros estados fizeram cada qual a sua poda, e a obra-prima foi dada a público transfeita em mostrengo.

Religião, política e relações conjugais têm de ser reduzidas sempre a banalíssimas situações "inofensivas" – critério que adotado para o livro viria destruir toda a obra dos maiores dramaturgos da humanidade, de Shakespeare a O'Neil.

Em três dos seus temas postos em filme o imenso Tolstoi foi mutilado de modo a tornar-se irreconhecível. Na *Anna Karenina* os percevejos de Pensilvânia forçaram a heroína a casar-se com o amante. Em *Ressurreição* a peça conservou do original o título apenas.

Esses censores reerguem dezessete regras de conduta. De acordo com elas não admitem suicídio, referência à pena de morte, ofensa à nação, ofensa à religião, sarcasmo contra os políticos, referência a deslizes da Justiça, sugestão a cruzamento entre branco e negro etc. Vem daí o fato da arte mais rica de elementos, a que poderia alçar-se a alturas que nenhuma outra jamais alcançou, mostrar-se tão irritantemente banal e pueril.

– Os elementos de que dispõe o cinema são na realidade tremendos – adverti eu. – Para a criação dum filme juntam-se numerosos artistas tirados de todos os campos. O autor do enredo, o encenador, o organizador da continuidade, o pintor, o músico, o arquiteto. Pela primeira vez a humanidade conseguiu criar uma arte que participa de todas as mais.

– Não só participa de todas as mais – acrescentou Mister Slang –, como tem a seu serviço o que sempre faltou a cada uma delas individualmente: milhões sem conta para que se realize como fulgura na imaginação do artista. E tem ainda um público que nem o livro jamais conseguiu. Um livro de grande sucesso vai a dois, três milhões de exemplares, alcançando um público no máximo do dobro disso. O filme alcança 115 milhões de "pacientes" por semana, aqui, só aqui, porque além disso sai a correr mundo – e de fato corre o mundo – do Brasil à China.

Ninguém ainda fez uma vaga ideia do que poderia vir a ser o cinema como arte, como a grande expressão moderna da arte que em si reúne todas. Se os percevejos da religião e da política, que o envenenam à nascente, lhe permitissem *ser arte*. Com a colaboração dessas pestes, permanecerá o que é – simples *amusement*.

– Além desses corpos de censura, por si bastantes para manter a nova arte no grau de chateza que ela apresenta, surgiu, em consequência do escândalo de Fatty Arbuckle, essa monstruosidade do tzar Hayes – o poder supremo que précensura. Esse peganhento tzar, com sua corte de delegados do Women's Club, aparece ao público qual Querubim, vestido nas roupas brancas da castidade imaculada. Para representar esse papel de anjo da pureza Hayes percebe 250 mil dólares por ano, pagos pelas quarenta empresas produtoras de filmes. Submetendo-se a essa engenhosa ideia da pré-censura feminina lucram as empresas muitos milhões – pois têm os filmes livres dos cortes onerosíssimos da censura oficial – mas como se achatam!

– Já por duas vezes surgiu na conversa o caso do Fatty Arbuckle – lembrei eu. – Não posso compreender que um simples caso policial dessa ordem pudesse determinar semelhantes reações.

– É que você não conhece a força das matronas associadas no Women's Club – respondeu Mister Slang. – Arbuckle, rapaz alegre e amigo do álcool, tinha o feito de ser gordo em excesso. Numa orgia com raparigas de Hollywood asfixiou uma delas sob o seu peso.

Bebedeira. Simples caso de bebedeira a dois, que cumpria à polícia investigar e ao júri julgar. Mas a macacada desferiu um uivo uníssono de onça ferida, erguendo-se qual furacão contra... o cinema! O cinema, não o vulgaríssimo Arbuckle, era o culpado do escândalo. As companhias apavoraram-se. E como na América Deus põe e as mulheres dispõem, chamaram Hayes. Conferenciaram com ele de portas fechadas e incumbiram-no de aplacar as fúrias de chapéu alto – único meio de evitar a ruína de algumas dessas empresas e enormes prejuízos para todas.

Hayes parlamentou, e foi dessa conferência com a Mulher e a Igreja que ele surgiu transfeito em tzar, com 250 mil dólares de salário por ano e chefe da pré-censura – Anjo da Guarda da moral pública. E a coisa se processa hoje assim: uma das damas lê preliminarmente e julga os livros ou entrechos que as companhias pretendem filmar. Objetam. Propõem mudanças. Outras virgens do Club, das já bem encruadas, fazem o mesmo, de tudo resultando um julgamento definitivo que as formidáveis empresas, na aparência onipotentes, são forçadas a aceitar.

Uma delas ia filmar essa obra forte de Dreiser, *An American tragedy*. Já havia obtido a autorização e pago ao autor 90 mil dólares. Mas as matronas opuseram o seu veto e o filme foi abandonado depois de conclusas doze partes.

O *Strange interlude* de O'Neil, a obra-prima do teatro moderno, parece que jamais entrará no cinema. O macacal votou contra.

Nunca semelhante inquisição pôs assim o pé no pescoço duma arte – e por isso floriram todas a ponto de criar o maravilhoso tesouro estético da humanidade. Daí a inferioridade do cinema. Não é livre. Tem pé de mulher sobre o pescoço.

Hollywood atrai os maiores artistas e técnicos do mundo. Pela sua essência, a ex-arte muda exige que se somem em cada obra vários gênios criadores. O produto, entretanto, é essa desesperadora chatice que sabemos. Vencem os autores todos os

CAPÍTULO XVII   *143*

obstáculos da realização estética – mas não conseguem vencer o pudor rançoso do Women's Club, nem a sólida carolice da Igreja. Para essa meca da arte moderna aflui a fina flor dos artistas de todo o mundo – mariposas atraídas pelo holofote cuja luz dá volta ao globo. Chegados, a decepção se faz tremenda. Hollywood é oca. Antessala de câmara municipal, paredes-meias com sacristia. Resultado: em vez da grande arte do Cinema, que seria a suprema vitória criadora do senso artístico da humanidade, temos uma indústria – a indústria da chatice, da monotonia, do vácuo – do simples entretenimento, espécie de outra Coney Island de mais larga amplitude apenas – concluiu Mister Slang quase sem fôlego. Desabafara, afinal, o explosivo inglês.

Não estranhei a violência com que o meu amigo atacou a ação das mulheres desglanduladas que aos milhões se associam nesse tremendo Club e governam a América e lhe estragam a civilização como a broca estraga o pé de milho viçoso. Também eu as detestava do fundo d'alma. Meu encanto pela realização dos americanos sofria constantes duchas de água gelada, tais eram os sinais dessa ação insidiosa, subterrânea, da sacristia aliada à mesquinhez cerebral feminina. Mas enchia-me de conforto ver a luta gigantesca que o elemento masculino começa a sustentar para emancipar-se. Elinor Glyn, na sua audácia de cabotina de gênio, teve a coragem de, pela primeira página do mais difundido jornal americano, dizer a verdade toda: "O de que a América precisa é apressar a emancipação do homem".

CAPÍTULO XVIII

Emancipação do homem. Puritanismo. Dualidade feminina. O *racketeering* moral. Venda de proteção. Males da riqueza.

– Na conquista dos seus direitos as mulheres foram muito além do previsto – prosseguiu Mister Slang, visivelmente azedado. – Preocupados com o *business*, na ânsia louca de mais, mais, mais, mais dólares, mais riqueza, mais força, os americanos deixaram que a mulher se metesse por caminhos que positivamente a natureza lhe fechou. Incapaz de arte, da grande arte – como deixá-la à porta das artes com a arma tremenda da Censura na mão?

Estou expondo com todos os pormenores estes fatos porque esclarece mil coisas nesta contraditória América, onde o *racketeering* sob todos os aspectos está criando um subpoder invencível. Por baixo da estrutura social esse polvo do *racketeering* estende seus invisíveis tentáculos, que amarram, enleiam e realmente governam. O pobre tzar do cinema aterroriza todos os produtores com o seu poder supremo. Esse poder consiste em ser ele o vogal das matronas conspiradoras que, associadas, valem por um dos tentáculos do polvo oculto – tentáculo moral. Moral quer dizer antissexual, negador do sexo. Para o macacal puritano não existe sexo – nem álcool. Se a heroína da *Coquette* se apresenta de filho em público sem ser casada, denuncia com isso que há sexo fora do casamento, o que é imoral. Moral significa acordo com as ideias das macacas. Imoralidade significa desacordo.

O problema do sexo na América apresenta aspectos curiosíssimos. A famosa "Lei Seca" não se restringe ao álcool. Já alcançava o sexo antes do álcool ser também erigido em tabu. As criaturas têm de ser anjos insexuados, nem macho nem fêmea – ou casarem-se. Dentro do casamento, sim, é permitido um pouco de sexo – e isso mesmo no *quantum satis* à obra de sobrevivência da espécie.

A América é isso – o perpétuo conflito entre o fanatismo que desembarcou em New England com os puritanos e a natureza humana como ela é. Desse conflito nascem todas as suas tragédias. Um nega, outra afirma. A *girl* americana, toda natureza, saúde e ímpetos, afirma. A matrona que dela sai, depois que os lindos chapéus de feltro deixam suas cabeças, substituídos pelo horrendo chapéu alto, nega. Mas como a *girl*, no seu período de floração, não se associa, não se organiza para "fins sociais", só preocupada com a coisa linda que é viver a linda vida de flor, quem vem a predominar é a matrona, como nesse caso da *Coquette*. E como quem governa são elas, porque governam os homens, sejam Hayes ou não, a América assume esse tom de matercracia em *mass production*, que tanto irrita os Clarence Darrow, os Mencken e outros sublimes revoltados.

– Quem vencerá na luta? – perguntei, de olhos abertos para o futuro.

Mister Slang respondeu com filosofia:

– Nessas lutas nunca há vitória integral dum lado ou de outro. Há o que vemos – empate. As Coquetes continuarão a ter filhas – vitória da ala-flor. As matronas continuarão a negar os filhos das Coquetes – vitória da ala puritana. Uma fica com a realidade, a natureza, o impulso, o instinto. A outra fica com o respeito humano. O curioso é que as duas correntes, assim polares, defluem da mesma fonte. Coquete, se não tivesse cometido suicídio, estaria hoje presidindo a uma sessão do Women's Club e censurando peças onde outras Coquetes aparecessem de filhinho no braço.

Assim concluiu Mister Slang a sua violenta tirada contra as mulheres. E talvez continuasse a bater na mesma tecla se eu o não chamasse a outro assunto.

– O amigo falou em *racketeering* – lembrei-lhe. – Tenho para mim que, mais que o arranha-céu, o *racketeering* constitui a maior característica da América, não acha?

CAPÍTULO XVIII   147

– Assim é – concordou Mister Slang. – Todas as investidas do governo contra essa indústria têm falhado. Mas a meu ver o mais nocivo não consiste no *racketeering* criminoso e sim neste, moral, que se exerce de mil formas sem que a opinião pública se anime a condená-lo. O puritanismo organizado é a maior *racket* da América. O outro, o *racketeering* comum que os jornais tanto combatem, baseia-se num sentimento muito humano: desejo de paz, de estabilidade.

– Como? – indaguei, estranhando aquela desnorteante afirmação.

–Sem paz, sossego de espírito, estabilidade, nada prospera na vida. Os negócios, sobretudo, exigem paz como condição *sine qua non*. Daí a grande ideia dos *racketeers*, de organizarem a "venda de paz" por meio da "venda de proteção".

Não entendi bem; minhas rugas na testa o disseram, e Mister Slang prosseguiu:

– Um exemplo. Há dias foi assassinado um negociante italiano na rua Greenwich, perto duma *"cafetíria"* onde às vezes vou almoçar. O garçom que me serviu deu-me pormenores. Conhecera o italiano, bom homem, um tanto duro de compreensão. Dias antes de ser assassinado, dois sujeitos vieram propor-lhe um negócio – inscrevê-lo entre os sócios duma *Shop Protecting Company* qualquer. Coisa de nada – 5 dólares por mês, sem nenhum compromisso. O italiano recusou. Não necessitava de proteção, sabia guardar-se a si próprio – e outras bobagens. "Olhe que arrisca a vida!", disseram-lhe os agentes. "Se adere à nossa sociedade, viverá em paz, garantimos." "Tenho vivido em paz até aqui. Continuarei guardando-me a mim próprio." *"All right"*, responderam os homens, retirando-se. Dois dias depois um tiro de revólver derrubava o pobre italiano atrás do balcão – um tiro não ouvido de ninguém, pois fora desfechado de sob a estrutura do Elevado, no momento em que um trem aéreo passava, com aquele ensurdecedor barulho de ferragens. Consequência: todos os demais negociantes daquele trecho de rua entraram com os 5 dólares mensais para a tal *Shop Protecting*. Quer isto dizer: compraram, com essa pequena contribuição, a paz e a segurança.

Essa indústria apresenta-se sob mil aspectos, quase sempre dentro de formas legalíssimas. Os estatutos da *Shop Protecting Co.*

148 AMÉRICA

devem ser um modelo de idealidade. Fins nobilíssimos. Proteger as lojas contra assaltos e roubos. Policiar eficientemente os arredores etc. Que pode fazer contra isso o Estado? Nada. A organização está aparelhada de todos os requisitos legais – e tem um nobre objetivo. Se fosse possível provar que tais crimes são cometidos por membros de tais sociedades, o mal poderia ser suprimido. Mas é prova impossível. Todo mundo sabe que se trata de venda de proteção à força – sob o dilema de ou deixa-se proteger ou morre. Mas como prová-lo? Onde a evidência de que a lei tanto necessita?

Vem daí que a indústria das *rackets* extrai centenas de milhões de dólares ao povo acovardado – e muito bem cientificado de que quem resiste perde a partida irremediavelmente.

– É um dos aspectos odiosos da América – disse eu –, e creio que peculiar da América. Não me consta que em outros países semelhante indústria viceje.

– A meu ver não se trata de nada peculiar à América e sim ao grande enriquecimento que a América demonstra. Mais uma das inúmeras coisas novas, inéditas no mundo, a que a excessiva riqueza dá origem. No dia em que outro país apresentar o mesmo grau de riqueza, lá também surgirá o *racketeering*.

– Muito bem, Mister Slang. Por causa da Gloria Swanson distraímo-nos na conversa e esquecemos do que nos trouxe aqui. Creio que é hora de galgar a torre.

– Pois vamos lá.

Dois bilhetes de meio dólar deram-nos o direito de usar o elevador direto que vai do andar térreo ao topo do Chrysler Building.

CAPÍTULO XVIII **149**

CAPÍTULO XIX

No Chrysler Building. Nova York à noite, vista do alto. O céu na terra. Os 25 dólares de Peter Minuit. A cidade dos pica-paus.

Zum!... Partimos para as alturas.

– O Woolworth – disse Mister Slang enquanto subíamos – conservou durante 17 anos o seu famoso recorde de edifício mais alto do mundo. Este Chrysler o bateu, mas não se gozou por muito tempo da vitória. Muito cedo o Empire State Building roubou-lhe o recorde.

– Não sei por quê, Mister Slang, mas o Woolworth não me dá a mesma impressão de grandeza deste Chrysler, nem do Empire, nem do Banco de Manhattan.

– As coisas envelheceram muito depressa nesse tremendo ímpeto para o alto que é Nova York. A mim também o Woolworth me soa qual uma torre de Ur, a terra de Abraão – voz do passado – arqueologia...

O Chrysler, com a sua cúpula e gárgulas de níquel, e as demais novidades internas não só em material como em formas e cores, é perfeitamente moderno. Soa a mundo futuro, bem como o seu vizinho do American Radiator – magnífico exotismo vertical listado de negro e ouro.

O Woolworth transige com o passado. Recorre ao medieval quanto a estilo, e o sobrenome que adquiriu, de Catedral do Comércio, condiz muito bem com o seu aspecto. É positivamente a catedral gótica, mas construída com materiais de hoje para fins outros que não louvar ao Deus das alturas. Já o Chrysler diz claramente que estamos na idade da máquina, do ângulo, da ausência de curvas; na era dos metais novos e da força em massa, calculada com cálculos novos. Nada como ele reflete a raça de hoje. Parece vindo do solo, espontâneo qual um cogumelo nativo. Não cheira a enxerto europeu.

Sua altura foi determinada por uma injunção – o preço do terreno. Menor que fosse, não daria renda adequada a esse preço. Em tudo o mais é produto lógico da terra, do homem e do momento. Por isso nos sabe tão bem ao nosso complexo paladar moderno.

Chegamos ao topo.

No envidraçado daquela torre de níquel, a brilhar como prata fosca, debruçamo-nos às janelas (ou coisas equivalentes) que se abrem para todos os quadrantes.

– Oh, mas é uma pura maravilha! – não pude deixar de exclamar quando meus olhos atônitos se repastaram no oceano de luzes que vi embaixo, lá longe – lá na terra, pois que estávamos no céu. Milhões e milhões de luzes fixas e movediças, da iluminação pública, dos letreiros luminosos, dos automóveis e ônibus e bondes e trens elevados, na proporção absurda com que Nova York possui tais veículos. Daquela altura, com os detalhes apagados e só as massas visíveis à força de projeção luminosa, a ideia que ocorre é a dum céu estrelado que de súbito invertesse de posição.

– O céu na terra, Mister Slang! – murmurei. – Tenho a impressão de que todas as estrelas do céu se acamaram no solo de Manhattan e arredores. Lá está Brooklyn! Lá está Queens!... Mas é um espetáculo único, Mister Slang!...

– Sim, meu caro. Você está vendo algo que só pode ser visto daqui. O oceano que é esta Nova York de onze milhões de habitantes, de três mil arranha-céus, de quase tantos automóveis no perímetro urbano quantos os existentes na Inglaterra....

– Quase tantos?

– Há aqui 650 mil carros contra novecentos mil em toda a Grã-Bretanha. Desse enxame, quantos neste momento estão a circular e a nos dar a estranha sensação de estrelinhas rastejantes...

– Sim, sim! O quadro é inesquecível – murmurei, absorto na contemplação. – Só agora vejo, sinto, a imensidade deste absurdo urbano chamado Nova York. Oceano de casas, oceano de luzes, oceano de veículos, incrível!...

– De fato, Nova York é incrível e desnorteante, se relembra-

O holandês Peter Minuit fechando com os índios a compra da Ilha de Manhattan por 25 dólares

mos aquela compra feita aos índios pelo holandês Peter Minuit em 1626...

– Sei. Comprou esta ilha de Manhattan por 25 dólares, pagáveis em contas de vidro. Mas como ficam anõezinhos os outros arranha-céus vistos daqui, Mister Slang! Tudo lá embaixo...

Continuei absorto na minha contemplação, enquanto o meu companheiro prosseguia em diferente ordem de ideias:

– De 1626 até hoje não vai muito longe. Três séculos e pico. Um minuto na vida dum povo – e temos isto...

Aquilo lá, que é? Riverside Drive ou... – murmurei apontando uma carreira intérmina de luzes.

– Riverside, sim. Adiante, New Jersey. Lá, Palisades Park... E temos isto...

Sim, tínhamos aquilo – aquele infinito oceano de casas. O nosso raio visual não alcançava fim. De qualquer ângulo que olhássemos, o mar de casas se confundia com o horizonte – mar de casas àquela hora da noite transformado em mar de estrelas elétricas... Mister Slang insistia nos seus números.

– Incrível o crescimento desta cidade. De 1923 a 1926 manteve uma média um pouco acima de sessenta mil casas por

CAPÍTULO XIX 153

ano. Daí para cá a média caiu, em virtude da predominância dos arranha-céus, que valem, cada um, inúmeras casas das antigas. Em 1923, por exemplo, o valor das 71 mil casas construídas foi de 755 milhões de dólares. Em 1929 o valor das 23.500 construídas atingiu 861 milhões. Diminuíram em número para crescerem em tamanho e valor, e isso indica que o processo do crescimento da cidade jamais arrefece. Já é Nova York uma supercidade. Dentro de 50 anos, ou cem, a que nova palavra recorrerão nossos netos para designá-la?

Mister Slang tinha razão. Com que palavra designá-la no futuro?

Meus olhos não se cansavam de boiar no oceano de estrelas, enquanto em meu cérebro um formigueiro de ideias novas fervilhava como em dia de saída de içá. E saíram-me do formigueiro cerebral legiões de içás do sonho. Sonhei tão intensamente que já não me lembro do muito que Mister Slang, na sua impassibilidade de inglês apurado em estatísticas, me ia dizendo a respeito da supercidade.

Quando descemos, a diferença de pressão atmosférica me pôs surdo ou azoado por meia hora. Também nesse período nada ouvi do que me disse Mister Slang, no Child's aonde fôramos reconfortar o estômago. As energias despendidas na intensa meia hora passada no topo do Chrysler impunham a ingestão de vários sanduíches com leite maltado.

– É... – disse eu por fim, quando meus ouvidos se libertaram da zoeira.

– É o quê? – interrogou o meu amigo ingerindo o último trago do inofensivo *drink*.

– É isso mesmo – respondi ainda com o cérebro inapto para pensar. – É, sim. Nova York é.

Acendemos os nossos cigarros. Tiramos as primeiras baforadas em silêncio. Em redor, o povo, o formigueiro, a eterna massa que circula pela cidade inteira dia e noite, como se a vida fosse uma contínua festa – dia de procissão ou Carnaval brasileiros. Dominando a perene música inarmônica que é a voz da cidade, chegava-me aos tímpanos o ruído característico da metrópole, o *prrrrr...* percuciente do martelo de ar comprimido com que se achatam os rebites nas estruturas metálicas dos prédios em construção.

– É, sim – continuei, achando afinal colocação para o meu "é". – Nova York é a Cidade dos Pica-paus.

Mister Slang não entendeu. Enrugou a testa.

– Já ouviu no mato o pica-pau picando pau? – perguntei-lhe. – Pois o ruído que fazem é exatamente este dos martelos de ar comprimido.

A fisionomia do meu inglês desanuviou-se. Riu-se.

– Tem razão – disse ele, também atento ao *prrrrr...* próximo. – Lembra muito bem o pica-pau na floresta. É isso mesmo...

Prrrrr... Cem anos que eu viva e esse ruído tão caracteristicamente nova-iorquino não me sairá dos ouvidos. Fácil de imaginar o que seja, sabendo-se que se constroem, como em 1923, cerca de duzentas casas por dia – e que casas! Haverá na cidade inteira, tomada a média de quatro meses para a construção de cada uma, cerca de 24 mil construções em andamento – pelo menos foi essa a média daquele ano. As grandes não escapam ao martelo de ar comprimido – o pica-pau. Pergunto: haverá floresta no mundo, seja na Índia ou no Amazonas, onde, numa área correspondente à da ilha de Manhattan, tantos milhares de pica-paus atormentem os tímpanos do homem com o seu metálico e iterativo *prrrrr...*?

Do pica-pau pulamos para Ruskin, de quem Mister Slang puxou a definição de arquitetura – arte de construir com beleza.

– Não é esta a concepção do americano – disse ele pedindo um novo *drink*. Aqui a preocupação de beleza está afastada. Arquitetura limita-se a ser a arte de construir honestamente, logicamente, sem vergonha, sem pretensão ou subserviência para com as formas do passado que já não se coadunam com a vida moderna.

Aquelas palavras do meu inglês, ditas em tom mais alto que baixo para cobrir o rumor ambiente dum bar mais que repleto, atraíram a atenção dum sujeito que se sentara a um canto da nossa mesa, não existindo nenhuma vazia àquela hora. Seus olhos brilharam e, interrompendo a ingestão do refresco que sorvia, ele voltou-se para Mister Slang, com cara alegre.

– Perdão, se me dirijo dessa maneira, mas é arquiteto, por acaso? – perguntou.

– Não. Apenas um observador da arquitetura – respondeu Mister Slang. – Acabamos de descer do Chrysler Building, don-

CAPÍTULO XIX   155

de fomos ver as luzes da cidade. O senhor sei que é arquiteto – a sua pergunta o indica.

– Sim. Sou arquiteto. Tenho colaborado na fatura desta nova Nova York que anda a prenunciar a novíssima – quiçá a definitiva.

– Oh, definitiva! – exclamou Mister Slang sorrindo. – Como soa estranha essa palavra na boca dum arquiteto americano!...

– Se tem tempo de ouvir-me – respondeu o desconhecido –, talvez eu consiga justificar a expressão chocante.

CAPÍTULO XX

Encontro ocasional. Opiniões dum arquiteto nova-iorquino. O estilo americano. Novo, tudo novo. Arranha-céus de mais de milha de altura.

Havia tempo. Começamos a ouvi-lo.

Era homem muito interessante de ideias, boa coisa para mim, que estudava a grande metrópole e me pelava por contatos com os lídimos representantes da sua mentalidade.

O que ele nos disse poderá ser resumido assim: em cada momento da história, a arquitetura dum país expressa os usos e costumes da época. As pirâmides do Egito e seus templos constituíram esplêndido fundo de quadro para os grandes dinastas; e eram, além de honestamente construídos, estruturalmente sadios (*sound*, dissera ele). Vieram depois os gregos, que no Partenon irradiaram a mais alta beleza estética de todos os tempos. Depois, os romanos, que desenvolveram o arco triunfal e outros monumentos expressivos do sentimento de ostentação que a vitória nas guerras lhes punha n'alma.

A gente da Idade Média, com a sua psicose asceta de caráter coletivo, ergueu para o céu, com grande fervor, as agulhas das catedrais góticas.

– Sem, entretanto, conseguir arranhá-lo – ajuntei eu apiedado do esforço daqueles nossos avós.

– Sim. Dispunham de meios de construção bastante primitivos – a pedra, apenas. Veio afinal a Renascença, como aurora depois de longa noite escura. A Renascença afastou a ideia de morte, além-túmulo, céu, que fez da Idade Média o período lúgubre do Ocidente. Renascem com a manhã de sol a ciência, as letras, a pintura, a esculturae a arquitetura.

Depois vem o Rococó ou Barroco dos Luíses – dos artificiosos tempos dos Luíses numerados.

Em todas essas épocas a arquitetura exprime com grande fidelidade as ideias, crenças, usos e costumes dos povos.

Na América começamos, já de cara, criando alguma coisa. O nosso estilo colonial é mais adaptação do que cópia do georgiano inglês da época. Depois, o grande pesadelo – aquele estilo vitoriano gótico, que tão bem condizia com a hipocrisia e estreiteza da Era Vitoriana.

Ali pelo fim do último século, Hunt e McKim entraram cá com a Renascença francesa e italiana. Arqueológico foi o trabalho deles. No edifício do *New York Herald*, desenhado por McKim, temos uma perfeita cópia dum palácio de Verona. E as numerosas construções devidas a esses dois mestres exerceram uma influência que ainda se nota entre os nossos estudantes de arquitetura. A Renascença dos diferentes países europeus foi transplantada em jacazinhos para a América. Outro palácio italiano tornou-se a residência de Joseph Pulitzer, o fundador do *World*. A velha Gerry House, tão notória, não passava dum castelo francês.

Os jovens arquitetos da América deram de emular os dois mestres, copiando as velharias da Europa e adaptando-as às nossas modernas condições, nem sempre de maneira feliz, mas com o resultado de desenvolver o gosto público por meio de demonstrações do que o passado já havia feito em matéria de arquitetura. Isso preparou o caminho para um estilo novo, realmente inédito.

Com a precipitação de marcha da era da máquina, com o ímpeto dum povo de alto senso prático e ainda com abundância de materiais novos – tudo coincidindo com o surto das ideias revolucionárias –, veio a exigência de algo novo, mais adaptado aos nossos problemas e casos personalíssimos.

As clássicas cornijas, ridiculamente a se salientarem em projeção nas fachadas, foram dos primeiros absurdos a irem para a lata do lixo. Além de dispendiosas, diminuíam a luz dos andares que lhes ficavam por baixo.

Coincide isso com o aparecimento das leis do novo *zoning*, caracterizado pela imposição de recuos progressivos, que dessem luz e ar às ruas por mais que crescessem os prédios.

CAPÍTULO XX **159**

Detalhes dispendiosos, ornatos – tudo eliminado. Só importam as massas. Delas tirará o arquiteto os seus efeitos de luz e sombra – e temos afinal o estilo novo – belo porque honesto e sincero para com o objetivo da construção.

Hoje venceu em toda a linha. É o verdadeiro estilo americano, afinal. Por isso condenamos a nova igreja que Fasdick construiu em Riverside Drive. É Idade Média, coisa boa para a gente daquela época. Impressiona como monumento arqueológico, fiel às tradições que se foram. Mas destoa das nossas ideias ambientes – da nossa atitude em face da religião.

Quem pode imaginar que esse edifício foi feito todo de aço? Uma igreja moderna deve ser um esplêndido auditório, de boa acústica, bem ventilado, bem iluminado, onde o manejador da palavra possa ser visto e ouvido por todos. Esse auditório existe para dar posição de destaque a esse homem, de cuja boca sai a palavra que atrai ao recinto o público.

Os arquitetos exploram hoje campos até aqui desconhecidos, onde não há precedentes que os guiem – *felizmente...* Em matéria arquitetônica já estamos salvos.

– Sim, sim – interrompeu Mister Slang. – Tudo é novo hoje na América. A arquitetura não podia deixar de seguir o movimento.

– Novo, tudo! – concordou o desconhecido. – Novo até acima da loucura imaginativa de Júlio Verne. O rádio, a ligação de todo o continente pelo telefone, o cinema falado, a televisão, o aeroplano e o dirigível, a *mass production*, a máquina a multiplicar-se com velocidade que mal permite a adaptação do homem – nada disso, ou, antes, o conjunto que disso resulta não pode ser expresso em qualquer estilo da Renascença. O passado não mede, não define, não traduz o que criamos de novo. Daí este estilo arquitetônico inédito, em pleno viço de crescimento. A um século de hoje entrará para a história das artes ao lado das grandes criações humanas – perfeito definidor que é da nossa era.

– Mas para que o considerou definitivo?

– Restritamente o é. *Achamo-lo*, afinal. Justo, portanto, que permaneçamos dentro das suas linhas gerais por um espaço de tempo bastante longo para permitir o uso desse qualificativo.

Mister Slang concordou.

– E quanto à altura, Mister...

– Jacobs, Allan Jacobs.

– E quanto à altura, Mister Jacobs? – perguntei eu. – A que altura poderão chegar as cidades verticais que aqui se chamam arranha-céus?

– Imprevisível. Esta semana apareceu uma notícia de sensação para nós construtores. Um professor da Universidade de Ohio alega ter inventado um novo tijolo do peso de vinte libras por metro cúbico, em vez de cento e vinte, como os de que dispomos hoje. Se essa invenção resultar prática, poderemos prever estruturas de uma milha de alto.

– Uma milha! – exclamei, atônito diante da fleugma com que Mister Jacobs dizia aquela barbaridade.

– Por que não? Da cabana do índio, de dois metros de altura, já chegamos aos 380 metros do Empire Building. Por quê? Simplesmente porque os materiais de construção de que dispomos fazem disso uma mera questão de cálculo de resistência física. Com um material seis vezes mais leve e da resistência e indestrutibilidade desse anunciado no Ohio, poderemos sextuplicar a altura do Empire – seis vezes 380 dá 2.280 metros, mais que a milha que tanto o assustou...

Saímos. Como Mister Jacobs levasse o mesmo rumo, mergulhamos no mais próximo "sorvedouro" da Nova York subterrânea, para emergir adiante, na estação da Pennsylvania. Lá, antes de separar-nos, ele nos disse ainda:

– Esta estação, por exemplo, que se inspirou nos banhos romanos. Mente à nossa era. Coisa que perdeu o espírito, a alma, é coisa que morreu, que passou e jamais dará sensação de vida. Por isso admiro mais uma chaminé, um elevador de trigo, do que esta cópia ou casca de molusco já extinto – o banho romano. Nosso país está cheio de exotismos deste naipe, de coisas herdadas, tomadas de empréstimo da velha cultura europeia. Daí o meu êxtase quando vejo uma chaminé de ferro e minha frieza diante duma coluna dórica.

– Coluna dórica posta aqui, note-se – exclamou Mister Slang, que pensava da mesma maneira. – Porque lá onde ela teve origem nada existe de mais belo.

CAPÍTULO XX

– Está claro – concluiu Mister Jacobs despedindo-se. – Soa mal nesta terra uma coluna dórica como soariam mal as chaminés de Highland Park ao lado do Partenon...

– *Bye, bye...*

Também me despedi de Mister Slang. Fui para a cama, cansado. Vive-se em Nova York numa hora mais que em todo um ano de aldeia – e naquele dia eu tinha vivido mais do que na véspera.

CAPÍTULO XXI

Uma carta sobre política. Eleições no Brasil. Votar, meio fácil de adquirir um chapéu novo. O gado eleitoral. Eleições na América. Hoover e Smith.

Entre as cartas do Brasil que no dia

seguinte me trouxe o correio vinha uma dum velho amigo apaixonado pelo voto secreto. Queria minha opinião sobre o voto secreto na América. Era assunto que ainda não me preocupara. Mas, para não desapontar esse amigo, dei balanço às minhas reminiscências e respondi-lhe nestes termos:

"Eu vinha de um país onde muito se discute a possibilidade do sistema representativo. É possível escolher? É possível eleger representantes? É possível a um cidadão escolher livremente de acordo com sua consciência? Haverá jeito dessa escolha manifestar-se por meio dum voto público? Tais os problemas que ao tempo preocupavam todos os nossos homens de boa vontade.

Levava-os a essa ordem de considerações a falência no Brasil do sistema representativo sob o regime da Constituição republicana. Embora se conduzissem eleições periódicas e as urnas 'manifestassem a sua vontade livre', todos sabiam que na realidade o eleitor era um único – o presidente da República. Por mais que reformassem a lei eleitoral a coisa não mudava. Voz das urnas, na prática, significava sempre, de norte a sul, a voz do presidente. Diante da renitência do mal, as 'pessoas limpas' desinteressaram-se do voto, que passou a monopólio de criaturas limitadas à função de 'portadoras de voto' ou, antes, de cédulas fechadas contendo o nome indicado pelo 'alto'. O portador de voto não precisava saber que nome era aquele, nem tinha nada a ver com isso. Sua função consistia apenas em levar o papelzinho até a seção eleitoral e enfiá-lo numa caixa de madeira – a tal urna sagrada.

Está claro que para ser esse mero portador de voto a criatura devia possuir unicamente qualidades negativas – não ter capacidade para escolher livremente, não ter independência moral, não conhecer nada da situação do país, e não ter... chapéu! Em regra a paga do carreto (levar o papelzinho à urna) se resumia num chapéu novo – e dos mais ordinários.

Votar ficou assim transformado em biscate dos pobres-diabos. Lembro-me de ter ouvido entre dois pés-rapados uma conversa deste teor:

– 'Ouvi dizer que você vai à Aparecida. Já marcou viagem?'

– 'Já sim. Vou depois das eleições.'

O outro olhou-lhe para o chapéu furado e disse sem ironia nenhuma, o mais naturalmente possível:

– 'É. Com esse chapéu até Nossa Senhora se ofende.'

Nas cidades grandes ainda havia um simulacro que disfarçava a comédia. No interior, por todo o vasto interior do Brasil, não. Nada disfarçava a crueza da realidade. Eleitor era sinônimo de gado. O coronel Fulano, por exemplo. Está bem, diziam. Possui cem mil pés de café, trezentas cabeças de gado e 120 eleitores.

Ter eleitores equivalia absolutamente a ter uma espécie de gado bípede, do qual se tira o leite do voto em certas ocasiões.

Numa eleição a que assisti pude observar a entrada no povoado dum fazendeiro a cavalo, tangendo uma ponta de eleitores. Vários cabos eleitorais os guardavam com cautela, para prevenir o estouro. Chegados à cidadezinha, foram encurralados num grande quintal murado de taipa. Às esquinas dispuseram-se capangas armados, para evitar que alguns fugissem ou que gente do partido contrário pulasse para dentro do curral a fim de 'corrompê-los'.

O nome técnico daquele recinto era este: 'curral'. Havia o curral do partido do governo e um menor da oposição. Dentro de ambos, enquanto se esperava a hora da 'livre manifestação das urnas', os votantes comiam um boi e esquentavam o corpo com a pinguinha.

Um boi gordo, um quinto de cachaça, um pacote de envelopes fechados com uma cédula impressa dentro: eis os ingredientes com que na vastidão dos nossos oito milhões de quilômetros quadrados se elegiam os representantes do povo. A coisa essencial do sistema representativo – *escolha consciente e livre manifestação dessa escolha –*, isso nunca passou pela cabeça dos manipuladores da política. Besteira para os ideólogos da oposição, diziam às gargalhadas os chefes e os cabos eleitorais.

Daí veio que desde menino a expressão 'eleitor' provocava em meu cérebro uma reação muito próxima da de 'mendigo'. Um ponto acima, apenas. Os mendigos ganham chapéus velhos e níqueis: os votantes ganham chapéus novos e notas de 5, às vezes até de 20 e mais – sempre pagas pela verba 'socorros públicos' que todas as municipalidades do interior nunca deixavam de prover.

Essas impressões, quando recebidas na infância, gravam-se indelevelmente em nosso cérebro. Por esse motivo, quando um dia Vergueiro Steidel me fez convite para virar eleitor numa hoste que ele e outros idealistas estavam reunindo, não pude deixar de rir e responder:

– 'Mas eu já tenho quatro chapéus, meu amigo. Que irei fazer com outros?'

E nunca pude pensar a sério no sistema representativo. Mudava de conversa, aborrecido, sempre que alguém puxava o assunto perto de mim. Bobagem, perda de tempo pensar nisso. Votar? Tolices – quando a gente possui chapéu. E lá se me ficou no espírito que era assim, que sempre fora assim, não só no Brasil como no resto do globo. Descri em absoluto do regime representativo.

Um dia na América do Norte voltei ao assunto; e como fora ao tempo da eleição do presidente Hoover, em vez de ir ao Roxy deu-me na telha assistir às eleições. 'Quero ver como é o curral dos americanos', creio que pensei lá no subconsciente.

Fui... Vi... e se o queixo não me caiu foi por estar bem pregado na caveira.

Incrível! O sistema representativo existe!... Funciona!... O eleitor escolhe livremente, vota livremente, seu voto é apurado!

E de tudo resulta que só toma assento na Casa Branca quem realmente é escolhido pela maioria!...

Dias, meses antes das eleições já eu notara um fenômeno novo para mim. Todo mundo a discutir o mérito dos candidatos em luta, Herbert Hoover pelos republicanos e Alfred Smith pelos democráticos. Os jornais e o rádio esmiuçavam-lhes as vidas, apontando-lhes as qualidades ou os defeitos. E eu, que era um estrangeiro, nunca me inteirei tão a fundo sobre a vida de dois cidadãos. Cheguei a ponto de tomar partido. Eu próprio pesei os dois candidatos e me decidi por um por achá-lo com mais méritos que o outro.

Isso que se deu comigo deu-se com toda gente, inclusive as mulheres, que aqui também são gente. A inúmeras, às quais por curiosidade perguntei em quem iam votar, ouvi carradas de argumentos ora em prol de Hoover, ora em prol de Smith. Razões gerais, razões pessoais. Lembro-me desta resposta: 'Eu votaria em Smith, se não fosse a sua mulher. Mrs. Smith não está na altura de ser a primeira-dama do país. Fora daí, acho que Smith daria um grande presidente'.

Dia de eleição, afinal. Fui ver, já um tanto abalado em alguns pontos da minha incredulidade. E vi. E vi votar-se!...

Nada de aglomerações, barulho, berreiro, fechas, tumulto. Em cada rua, de distância em distância, um *pool*, isto é, uma improvisada agência de receber votos, como há agências distritais de receber cartas do correio. Agências improvisadas em escolas, edifícios públicos, casas de negócio – onde possa ser –, de modo que se atendam do melhor modo às necessidades do público.

Estive observando duas: a primeira improvisada numa casa de flores, a segunda, numa relojoaria. Durante toda a tarde a florista não deixou de vender suas flores, nem o relojoeiro de espiar o interior dos relógios com aquela lente encastoada num tubo preto, que seguram no olho qual monóculo.

Foi quando o queixo quase me caiu. Deveras? Seria crível? Votava-se ao lado daquele relojoeiro que nem sequer interrompia um serviço exigidor de tanta atenção? Era fato!... Votava-se!...

A um canto da loja estava a mesa eleitoral, presidida por quatro pessoas, dois homens e duas mulheres. Noutro canto, a cabina que ocultava a máquina de votar, fechada aos olhos do público por um reposteiro.

O eleitor entra e apresenta à mesa o certificado que tirou dias antes e o autoriza a votar naquela seção. A mesa registra-o e pronto. A função dela se resume nisso. O resto cumpre ao eleitor. Da mesa dirige-se ele para a cabina. Abre o reposteiro, entra, fecha-o de novo. Segundos depois abre-o ainda uma vez e sai. Votou. Moveu lá dentro uma das pequenas manivelas que fazem a máquina registrar o voto. Ao deixar a cabina, a máquina, em seu automatismo, recoloca a manivela mexida na posição anterior, pronta para ser movida pelo votante seguinte. Cada manivela corresponde ao nome de um candidato.

Ninguém fala, ninguém discute, ninguém berra, ninguém sabe em que nome o cidadão votou. Finda a eleição, a máquina dá os números, que são o registro exato dos movimentos da manivela.

Nessa eleição, assim calma, transcorrida no país inteiro, a manivela que trazia o nome de Herbert Hoover foi movida 21.392.190 vezes; a com o nome de Alfred Smith, 15.016.443; a com o nome do socialista Thomas, 267.420; a com o do trabalhista Forster, 48.770.

Como antecipadamente ninguém pode saber qual venha a ser o registro final da máquina, nenhum dos candidatos pode cantar vitória antes que o último resultado seja dado. Porque a máquina de votar gosta de fazer surpresas...

A cidade de Nova York, por exemplo, é um velho baluarte democrático. Os republicanos sempre perdem as eleições ali. Hoover perdeu, tendo 714 mil votos contra 1.167.000 dados a Smith. Mas no estado de Nova York, que é também democrático e tem governador democrático, Hoover ganhou de Smith por mais de cem mil. Surpresas...

Nas eleições municipais, a mesma coisa. No distrito de Queens, por exemplo, que faz parte de Nova York, a administração municipal era democrática. Mas o presidente da Câmara e outros elementos viram-se acusados de traficância. Levados a júri, foram condenados. Consequência: na eleição seguinte, apesar de Queens ser tradicionalmente democrática, os republicanos venceram. A máquina de votar castigou desse modo o partido que não soubera escolher os seus homens.

Esses fatos provocaram uma revolução em meu cérebro. Convenceram-me de que o sistema representativo é possível e funciona admiravelmente. Mas também me convenceram de uma coisa: que só é possível onde o povo haja alcançado o grau de desenvolvimento econômico que a América demonstra. Independência moral tem por base a independência econômica. País tão pobre que necessita trocar o voto por um chapéu, nunca poderá alçar-se à categoria de eleitor. Tem de permanecer na posição de 'portador de cédula', sem que lhe seja permitida, sequer, a audácia, o topete, de querer saber o nome que a cédula traz.

– 'Cachorro! Que é que tem você com isso?', ouvi certa vez um cabo eleitoral berrar para um votante encurralado, que lhe fizera tão inocente pergunta. 'Cumpra o seu dever e não encrenque.'

O 'dever' do pobre-diabo se resumia em executar sem tugir nem mugir as ordens do patrão. Querer saber em quem ia votar era ser 'encrenqueiro'...

Como sairmos disso? Por meios diretos, com uma nova lei eleitoral? Ingenuidade. Só por meios indiretos o conseguiremos. Só o desenvolvimento econômico do país, com a criação da siderurgia, com a descoberta do petróleo e outras coisas que fizeram a independência do americano. Copiamos da América as suas leis básicas. Esquecemos de fazer o resto. Daí o fato dessas leis básicas funcionarem na América e falharem no Brasil. Tais leis requerem um alicerce econômico que nos falta. Sem criá-lo, impossível sairmos do regime do curral. Ainda que o suprimamos nas capitais, persistirá por toda a vastidão do interior. As capitais constituem minoria. O interior é a grande massa. É o Brasil."

CAPÍTULO XXII

Velha conversa com Mister Slang a respeito do voto secreto. Como ele me limpou o cérebro de muitas teias de aranha. Sua visão geral do caso brasileiro.

Foi isso no Rio, numa visita que fizemos à ilha de Paquetá, no dia seguinte ao levante do general Isidoro em São Paulo.

Confessei a Mister Slang que semelhante movimento me causava a maior das surpresas – e aqui reproduzo a conversa que anotei logo ao chegar em casa.

– Pois a mim não – observou ele. – Quando vocês cometeram aquela imbecilidade do 15 de Novembro, rompendo de brusco a evolução do país para adotar o figurino presidencial americano, Bartolomeu Mitre, que via longe, disse: "Vamos ter 30 anos de revoluções no Brasil".

– Errou por 13. Já estamos com 43 anos de perturbações revolucionárias...

– Sim, e terão talvez outros tantos. A furunculose adquirida em 15 de Novembro ainda não está no fim do processo, ainda não deu de si todos os abscessos de que é capaz. Os povos pagam caríssimo os atos impensados da estupidez política. Enquanto o veneno inoculado naquele dia fatal não for todinho eliminado, este pobre país terá de sofrer dos seus efeitos.

– Que veneno acha que seja esse?

– O mesmo que dá origem a revoluções em todos os países do globo: tirania.

– Mas nós não inauguramos em 15 de Novembro a tirania. Inauguramos um governo constitucional, representativo, com presidentes eleitos pelo povo...

– Eleitos de mentira. Não pode haver governo representativo sem verdade de representação – e não há verdade de representação baseada em votos falsos. O voto falso é aqui, como em toda a América do Sul, salvo Uruguai e Argentina, a causa de todos os males.

– Quer dizer então que o que nos falta é o voto secreto?...

– Exato – politicamente.

Espantou-me ver Mister Slang afirmar assim tão categoricamente a valia do voto secreto e tê-lo como o desintoxicante do organismo nacional. Cá no meu íntimo eu sempre tivera o voto secreto como panaceia muito boa para programa de partido oposicionista.

Objetei. Objetei o comum que costumam objetar os adversários do voto secreto. Em vez de responder a essas objeções, que são em extremo sofísticas, o meu inglês penetrou fundo no caso.

– Raciocinemos – disse ele. – Discutir com palavras, com verbalismos tão ao gosto de vocês aqui, não conduz a nada. Raciocinemos. Que é votar?, diga-me.

Engoli o resto do guaraná que tomava e declarei, depois d'alguma reflexão:

– É manifestar uma escolha. Se eu voto em Fulano é que *escolhi* Fulano.

– Perfeitamente. Votar é manifestar uma escolha. Mas a manifestação dessa escolha só vale, só representa uma verdade, se você for *livre* na escolha, e se for igualmente livre na manifestação da escolha.

– Está claro.

– A escolha é um ato de consciência, de foro íntimo, que só pode exteriorizar-se, isto é, manifestar-se, caso o votante não corra nenhum risco de sofrer más consequências. Se eu souber que escolhendo o nome de Fulano para tal ou tal cargo venho a sofrer com isso, não o escolherei. Passarei a escolher Sicrano – isto é, aquele de cuja vitória não me venha nenhum mal – embora lá no íntimo eu esteja convencido de que Fulano era o melhor nome a ser escolhido.

– Muito bem. Continue, Mister Slang.

– De modo que temos dois caminhos. Na votação a descoberto, em uso aqui, o eleitor só escolhe, ou só vota, *baseado em razões de defesa pessoal ou da sua família.* A aptidão do escolhido para o cargo não entra em consideração. O pobre eleitor escolherá muitas vezes o homem que em consciência considera o pior possível para a comunidade; mas entre *contribuir* para causar um mal a todos em geral e *causar* um mal para si próprio ou sua família, não vacila, nem pode vacilar. O egoísmo existe. Pergunto agora: que valor de consciência tem essa escolha, ou esse voto? Nenhum. Não representa um ato de consciência e sim um puro ato de covardia ou de defesa. Uma mentira.

– Perfeitamente.

– Mas se o voto for secreto, se for absolutamente impossível descobrir-se em quem o eleitor votou, tudo muda. O eleitor então passa a escolher livremente, isto é, de acordo com a sua consciência, pois sabe que nenhum mal lhe poderá advir disso, nem para si, nem para a sua família. Logo, o voto secreto representa a verdade, como o voto a descoberto representa a mentira.

Pus-me a refletir. Aquelas palavras de Mister Slang aclaravam-me singularmente o assunto.

– Realmente – disse eu. – No sistema do voto a descoberto o voto *já sai falsificado de dentro do eleitor!* Nunca eu tinha reparado nisso...

– Já sai falsificado, sim – repetiu Mister Slang. – Já é uma mentira – e por isso ninguém o respeita. Não o respeita nem sequer o eleitor que o deu. Se sou *forçado* a votar em quem não quero, está claro que não respeitarei esse meu voto falso. Daí a instabilidade dos governos com base no voto a descoberto. Daí a facilidade de se organizarem *máquinas eleitorais* que perpetuam no governo homens que o povo detesta – que os próprios eleitores detestam. Daí as revoluções – meio único de alijar tais homens do poder. Daí a simpatia do povo pelos movimentos revolucionários, isto é, pelo alijamento à força de armas dos homens que esse mesmo povo elegeu constrangido. Daí o estado de miséria, de atraso, de desordem, de todos os países latinos da América que ainda persistem no sistema do voto que já sai falsificado de dentro do eleitor.

Em país de voto secreto jamais o povo apoia qualquer movimento revolucionário. Por que motivo recorrer-se à violência

– que é dolorosa e economicamente desastrosa para a comunidade – se por meio da eleição é possível mudar-se um mau governo? E como daria o povo o seu apoio a movimentos armados contra homens que ele povo escolheu livremente, em absoluto acordo com a sua consciência? Se eu escolho livremente um homem para um cargo, está claro que estarei ao seu lado nos momentos difíceis, e que o defenderei como defenderia a mim próprio. Esse homem representa a minha consciência manifestada nas urnas. Se por acaso trair-me, se não desempenhar o mandato que lhe conferi de modo que me satisfaça, não recorrerei às armas para alijá-lo: na próxima eleição votarei contra ele, confessando a mim próprio que tive parte na culpa. Errei. Não escolhi bem, eis tudo.

Assim falou Mister Slang e eu rendi-me aos seus argumentos. De fato, só o voto absolutamente secreto pode sair puro de dentro do eleitor. O outro já sai falsificado; e, portanto, não merece o respeito de ninguém, nem sequer do covardão que o deu...

Convenci-me, não havia remédio. Mister Slang tinha um modo de argumentar que era só dele.

– Vejo que não se trata de panaceia como sempre supus – disse eu. – Talvez seja por isso que os povos que já aprenderam a governar-se adotam o voto secreto...

– Sim. É o sistema usado na Inglaterra e basta – confirmou com orgulho o meu inglês. – E também pelos Estados Unidos e França e Suécia e Noruega e todos os países *decentes*. Os países onde as revoluções já não se fazem possíveis, por *desnecessárias*.

– Mas a resistência entre nós a esse sistema de voto é ainda muito grande.

– Resistência por parte de quem? De quem vota ou *de quem se habituou a ser votado cabrestalmente*?

A resposta estava contida na pergunta.

– De quem se habituou a ser votado cabrestalmente, está claro. Dos velhos políticos que o povo despreza, a coima de ladrões e, de medo, por covardia, continua a eleger...

CAPÍTULO XXIII

Nova York é um cacho de cidades. Sua riqueza. Vida subterrânea. *Up Town*. O sistema de estradas de ferro metropolitanas.

Nova York... cacho de cidades autônomas

que ao crescerem se fundiram num só monstro. Cem *villages* e mil comunidades compõem hoje esse cacho. Nova York!... Arco voltaico tão poderoso que de todos os recantos de terra afluiu e aflui gente em massa para alimento da fornalha que basta a si própria – pela sua indústria e ligações com o resto do mundo. Sua indústria! A estatística dá-lhe 32.590 estabelecimentos manufatureiros somando um capital de 3 bilhões de dólares, com um valor de produção de 5 bilhões e meio – trinta vezes o valor da nossa produção de café...

Nova York, a cidade que despende com educação pública, incluindo bibliotecas, 176 milhões – hoje 2 milhões e 800 mil contos da nossa moeda.[11] Com museu e parques, 224 mil contos. Com higiene e saúde pública, 1 milhão e 120 mil contos. Com o benefício das crianças, 112 mil contos. Com caridade ou assistência, 192 mil contos.

A cidade que cresce igualmente nos dois sentidos, para o céu e para o inferno. Que é a Grand Central ou a Pennsylvania Station, senão arranha-céus invertidos – *hellscrapers* – arranha-infernos?

O mundo subterrâneo de Nova York vale, como maravilha, todas as sete do mundo antigo somadas. Um sistema de viação copiado às formigas, onde as formigas nova-iorquinas trafegam

---

[11] *Dólar a 8 mil e 800 réis. Nota da edição de 1946.*

incessantemente aos bilhões por ano. Em 1930 o tráfego pelos *subways* foi de, exatamente, 1.971.845.159 formigas humanas.

A cidade que tonteia o recém-chegado e não raro lhe perturba o equilíbrio dos miolos. Que impõe ao homem uma adaptação especial. Num estudo a respeito o doutor Wallace House, neurólogo e psiquiatra do Flower Hospital, diz que a população flutuante de Nova York despende vinte por cento mais de energia vital do que a média dos seus habitantes fixos, nela nascidos ou já com longa residência. O nova-iorquino torna-se imune ao fragor da cidade por meio da adaptação sensorial. Já o visitante reage normalmente contra o nunca sentido fragor, isto é, reage sem estar escorado pela defesa da adaptação especialíssima. Daí aumento da respiração, tensão muscular fora do comum e muitas vezes perturbações cardíacas.

De fato, quando, pela primeira vez, uma criatura vinda de plagas onde o som é o velho som que a humanidade sempre conheceu, sente em seus tímpanos o choque dum trem elevado que passa vibrando a formidável estrutura de aço do seu leito, reconhece a existência na terra de coisas com as quais nunca sonhou a sua filosofia. Leva as mãos aos ouvidos, como se o fim do mundo estivesse chegando. Mais tarde assombra-se de ver nas infernais avenidas por onde correm os "elevados" crianças brincando na rua, tão desatentas ao furacão que passa como nós hoje no Brasil ao bonde. Adaptação...

A cidade subterrânea é de fato uma cidade subterrânea. Nela pode uma criatura morar toda a vida sem nunca ter necessidade de vir à tona. O comércio floresce luxuriosamente dentro da terra. Lojas de tudo – desde roupas brancas até livros. Muito livro comprei lá dentro, nos magníficos *stands* da Grand Central. Restaurantes, hotéis, casas de calçados, de roupas feitas ou por fazer, barbeiros, engraxates, cutelarias, *hosieries*, *drugstores* – até agências bancárias. Ali se desconta um cheque tão rapidamente como na superfície. Dali um homem de negócios telefona para todas as partes do mundo, como do seu escritório comercial.

Certa vez uma repórter meteu-se por um "sorvedouro" de *subway* adentro para verificar por experiência própria quanto tempo podia uma criatura viver lá. Ao cabo de oito dias ressurgiu. "Inútil prolongar a experiência", disse ela no seu jornal;

CAPÍTULO XXIII   177

"fiquei oito dias, como poderia ter ficado oito anos, ou oitenta."
A vida subterrânea está organizada em todos os seus detalhes,
tal qual a da superfície.

Às esquinas, de espaço a espaço, um gradil no passeio assinala um "sorvedouro de gente". É uma entrada do *subway*. As
massas humanas que formigam nas calçadas súbito se "sorvertem" naquele ponto – água de enxurro a esvair-se em bueiro.
Vão tomar o trem...

E que trens! De três em três minutos um que passa, com
dez grandes carros metálicos, sempre apinhados. A congestão é
eterna. Por mais que se aperfeiçoem os sistemas de transporte da
cidade única, jamais atendem em certas horas do dia ao afluxo
e refluxo da onda humana.

Down Town e *Up Town* – eis as duas expressões que o recém-chegado aprende antes de mais nada e sem as quais não
pode locomover-se na ilha de Manhattan. A ilha é sobre o comprido, cortada em sentido longitudinal por avenidas que vão
dum extremo a outro; e no sentido lateral por infinidade de ruas
numeradas. Onde é *Down Town*? Onde é *Up Town*? Rigorosamente, em parte nenhuma, ou, antes, em toda parte. Essas indicações são relativas ao ponto em que nos achamos. Quem está
na rua 72, por exemplo, considera *Down* todas as ruas abaixo
desse número, e para ele a rua 73 já é *Up Town*. Mas para quem
está na rua 74, a rua 73 já é *Down Town*.

Os trens correm em linhas separadas nos dois sentidos, e se
dividem em locais e expressos. Estes só param mais ou menos
de cinco em cinco estações, correspondentes a quarteirões. Os
locais param de estação em estação. Em muitos pontos as linhas se superpõem. Na Grand Central, por exemplo, há várias
camadas ou andares de trens, até profundidades que o público
só alcança por meio de monstruosos elevadores.

A Grand Central assombra a menos assombradiça das criaturas. Estação inicial do sistema de estradas de ferro que tem
esse nome e leva a todos os pontos do país, coincide com a
principal estação de *subway*, depois da de Times Square. De
modo que naquele subterrâneo, construído com fino luxo, não
só circulam setecentos trens por dia para todos os cantos do país,
como ainda os milhares do tráfego urbano. Descrever isso é ten-

tativa louca. Coisa de ver-se, abrir a boca e concordar que Nova York é Nova York – a única.

Os desastres tornaram-se fenômenos de raridade – e as companhias frisam isso no *Subway Sun*, jornal da organização que afixam diariamente em cada carro. Não há no mundo, diz com algarismos o *Subway Sun*, estrada de ferro que apresente menor porcentagem de desastres por número de passageiros transportados – creio que um ferido para quinhentos milhões de incólumes.

Nada me deu tanto a medida da capacidade de organização do povo americano como a maravilha dessa segurança, obtida por meio dum sistema de controle que eliminou praticamente o homem. A máquina faz tudo.

CAPÍTULO XXIV

Uma opinião sobre a mulher. Femininice da América. Matercracia. Como gostam de ler. Lei da evolução. Puritanismo grotesco.

Essas coisas ia eu pensando a caminho do apartamento de Mister Slang, que me esperava para uma visita à Biblioteca Pública. Encontrei-o ainda furioso com as mulheres.

– Sim, é isso! – disse-me logo após o *How do you do?*, ainda com o jornal que estivera lendo na mão. – Mister Rodgers está certo.

– Will Rogers?

– Não, Robert Rodgers, do Instituto Tecnológico de Massachusetts. Acaba de fazer uma notável comunicação à Business Conference, de Babson Park. Diz que o pensamento americano é feminino, em consequência das escolas serem conduzidas mais pelas mulheres do que pelos homens. Aos métodos de ensino da escola americana, diz ele, falta virilidade – deficiência que está "feminizando" a América.

Faz meio século, declara ainda Rodgers, que a maior parte da nossa juventude está sendo treinada exclusivamente por professoras, nas quais a preocupação de método, o interesse do detalhe, a pouca inclinação para o pensamento matemático, político ou filosófico e a muita para insistir em crenças abstratas a serem aceitas docilmente vêm abafando o livre *give and take* da crítica. Cinquenta anos desta praxe produziram o que vemos – incompetência para pensar política e filosoficamente. O pensamento americano mudou de sexo, passou a feminino – altamente acurado em detalhes, imediato quanto a aplicações, rigidamente idealístico a despeito dos fatos – e débil quanto ao livre exame crítico.

– Essa acusação da femininice da América é geral, Mister Slang – acrescentei. – Inda ontem, pelo *New York Journal*, Keyserling o denunciou, com aquela sua agudeza de mestiço de alemão e russo. Acha que é preciso emancipar o homem. Acha que a preponderância feminina inibe as faculdades criativas do macho americano, havendo também ela, a mulher, destruído, ou arrefecido, a sua faculdade criadora. Keyserling está montado no ponto de vista europeu. Quer a mulher na sua velha função de inspirar e encantar o homem.

– Sei, sei... É a grande questão constantemente agitada. A mulher avançou demais na sua investida para igualar-se em direitos e ação ao homem. Avançou tanto que o ultrapassou. Isso de encantar não existe mais aqui. Só se preocupam de dominar, mais e mais – e consolidar suas vitórias. Vai ver amanhã a onda de indignação que se erguerá contra Rodgers.

– Todos nós homens pensamos assim – ajuntei. – Mas, pergunto, será possível voltar atrás e, depois de haver o macho permitido tamanho avanço à velha fêmea tradicionalmente subalterna, fazê-la recuar das posições conquistadas?

– Não creio – opinou Mister Slang. – Estas mulheres jamais recuarão. A América já é uma matercracia e o será em escala mais intensa cada ano que se passe. Elas são o sapo – quando seguram não largam mais. O homem foi batido na América, não resta dúvida – e muito receio que lhe aconteça o mesmo no resto do mundo. A influência crescente da América nos outros continentes causa apreensões ao ex-sexo forte. Em Berlim um jornal já deu o grito de alarma. Denunciou o fenômeno como tendente a provocar a maior crise da história. O "perigo americano" – não mais aquele "perigo amarelo" de Guilherme II. Não consiste o perigo americano, na opinião desse jornal, na dolarmania, nem na excessiva mecanização da vida, mas no predomínio da mulher sobre o homem – fenômeno absolutamente único entre as nações cultas. O perigo está em espalhar-se pelo mundo qual outra epidemia de *influenza*, causando a queda do Ocidente.

– E a insistência com que esse assunto é abordado indica que há fundamento na acusação – adverti. – É o que me parece.

– E a mim também – concordou Mister Slang. – Elas se apoderam de tudo. As estatísticas financeiras mostram que três quartos da fortuna americana já foram parar nas mãos das mulheres através dos seguros. Governam de fato. As casas editoras só publicam o que elas querem. Delas dependem os sucessos de livraria. Em cada casa editora há uma "cérbera" à porta de entrada para exame dos originais submetidos – e como o público maior com que os editores contam é composto sobretudo de *girls*, o remédio é lhes aceitarem a dominação, como aconteceu com o cinema.

– Lerão de fato mais, Mister Slang?

– Está provado. O mês passado o Carrol Club fez uma curiosa investigação a respeito, por meio dum inquérito entre milhares de *girls* de Nova York. Foi apurado que elas vencem um salário médio de 33,50 dólares por semana, dos quais gastam 7,56 com o vestuário, 9,53 com a manutenção, auxílio à família, caridade e igreja, e economizam 4,75. O inquérito ainda apurou que a maior parte do lazer de que dispõem é empregado na leitura, a qual representa em suas vidas três vezes mais que o esporte, a dança, o *bridge* e o teatro. Ora, havendo neste país, segundo o último censo, dez milhões de mulheres que, como essas *girls* de Nova York, vivem do seu trabalho e que como elas se entregam assim à leitura, fácil é deduzir que tremendo mercado representam para os livros novos. Daí a tirania. Só se publica com sucesso o que elas querem ler. São as fautoras do *best-seller*, não há dúvida. Quando vejo um livro alcançar tiragens fabulosas, já sei a razão – caiu-lhes no gosto. Os editores deploram o permanente grito por "coisas novas" com desprezo pelas obras-primas da humanidade. Verificam eles que o gosto pela leitura cresce. Livros, mais livros, sempre mais livros é o clamor. O número de "títulos" saídos cada ano cresceu de 5.714 em 1919 a 10.187 dez anos depois. Dobrou num decênio. O total da tiragem desses livros atingiu o número de 227 milhões e meio em 1927. O progresso intelectual está evidentemente crescendo. Mas o interesse pelos grandes livros do passado decai.

Anunciar um livro com "algo novo" é abrir as portas da venda em massa. Querem o *thrill* do novo. O *Pilgrim's progress*, de Bunyan, está ameaçado de cair em olvido dentro de uma década.

– O *Pilgrim's progress* que fez esta América...

– Sim, há evidentemente uma revolta da mocidade, contrabatida aliás pelos avanços da censura. O velho fanatismo puritano reage e, colocado nas fontes de produção, "censura". Constantemente são passadas leis nos Estados Unidos que provocam os maiores clamores do pensamento liberal, já não digo da vanguarda, mas dos homens moderados.

E aqui vejo claro o pensamento do professor Rodgers. A mulher afeiçoando o futuro e em conflito consigo própria. A *girl*, cuja atitude moderna tão bem justifica o juiz Lindsey no seu livro sobre a revolta da mocidade, mal se sente, com o vir dos anos, seca de glândulas, passa ao campo oposto e vai oprimir – vai fanatizar. Vai proibir o uso do álcool, vai condenar Darwin e impedir que entrem nas escolas livros que se refiram à lei da evolução.

Outro dia em Little Rock, no Arkansas, o dicionário *Webster* foi banido das instituições educacionais mantidas com dinheiros públicos "porque define a lei da evolução segundo Darwin".

– Ridículo – comentei. – O mundo inteiro ri-se da América. Riu-se pelo menos no célebre caso do professor Scopes, levado ao tribunal pelo crime de ensinar essa lei.

– O mundo não se ri tanto como a própria América pensante. O mal é que a carolice ainda está no governo e o país tem de sujeitar-se às suas pasmosas injunções. A carolice censura oficialmente. A palavra "moral", representando a velha concepção moral do puritano, tranca todas as bocas.

Mister Slang era um liberal irredutível e capaz de furor. O puritanismo irritava-o.

– Mas o puritanismo criou aqui grandes coisas – disse eu mais para provocá-lo do que por convicção. – Enrijou o caráter nacional. Não sei se haverá justificativa no contínuo ataque que lhe fazem.

– Não creia, meu caro. Nesta matéria penso com Ruppert Hugues, um da vanguarda. Acha ele que o maior perigo da América está justamente no moralista de profissão que entende de regular tudo, desde o que o povo veste até o que o povo lê ou pensa. Traidores, lhes chama ele – traidores sob capa de patriotas.

Quando o clorofórmio apareceu e foi aplicado nas parturientes em trabalhos difíceis, a carolice ergueu-se indignada. "A

Bíblia diz que a mulher dará à luz com dor. Deus determinou assim. Deus quer que a mulher sofra nessa emergência." E só depois que o clorofórmio foi aplicado na rainha Vitória para que viesse ao mundo indolormente mais um príncipe de Gales, é que o seu uso se generalizou.

– *God save the Queen!*

– O mesmo sucedeu por ocasião das primeiras tentativas para implantar a estrada de ferro. Ergueram-se imediatamente os carolas. "Deus nunca teve intenção de permitir que o homem viajasse com velocidade maior que vinte milhas por hora. Se assim intencionasse, tê-lo-ia provido de asas. Portanto, a estrada de ferro constitui impiedade."

E Mister Slang tirou do seu cachimbo uma baforada piedosamente irônica.

– É incrível – continuou ele –, mas ainda há milhões de criaturas nesta América que pensam da mesma forma quanto às coisas novas, correspondentes hoje às estradas de ferro e ao clorofórmio daquele tempo. A causa disso? A mulher. A mulher depois que emurchece de glândulas. Keyserling tem razão. Ou o homem emancipa-se ou teremos uma situação inédita para o mundo. Decadência do poder criador. É isso.

– Está tudo muito bem, Mister Slang. Mas eu não vim cá para ouvir as suas objurgatórias contra a biblicite. Bem sabe que não necessito de catequese. Vim para irmos à Biblioteca Pública.

– Pois vamos – respondeu ele, guardando o cachimbo. – É uma visita que sempre me atrai.

Estava nevando – a primeira neve do ano. Ao pisar na rua, logo que os primeiros flocos me bateram no rosto recordei-me da velha ânsia que sempre tive de conhecer a neve. Disse-o a Mister Slang.

– E em que circunstância viu a primeira neve? Porque imagino que a primeira neve deve ser coisa de muita importância na vida dum filho dos trópicos.

– E é realmente – concordei. – O meu caso, porém, foi excepcional. Tive o anúncio da neve a cair na rua, a primeira do ano, como esta de hoje, dado por uma... imagine, adivinhe, se for capaz, Mister Slang! Por uma das famosas *girls* do Ziegfeld Follies!...

– Curioso, não há dúvida. Conte-me lá isso – disse ele acendendo os olhos.

Era na realidade fato digno de contar-se. Neve anunciada por uma das mais lindas *girls* da América...

CAPÍTULO XXV

Florenz Ziegfeld e suas maravilhosas *girls*. Neve e beleza. Inesquecível anúncio da primeira neve. Divórcios. Só as mulheres ganham com ele. Pagadores de *alimonies*. Casos trágicos.

Florenz Ziegfeld nasceu sob os auspícios de Apolo e Vênus.

Com um raro senso da beleza feminina, passou a vida a mobilizar a beleza da América para exibi-la nos seus maravilhosos *shows*. Quando aportei em Nova York, um deles, *Rio Rita*, estava no auge da vitória teatral, apesar de permanente no cartaz havia já um ano. Em Nova York, peça que "pega", eterniza-se. Dois, três, quatro anos no cartaz significa, em teatro, eternidade.

Um *show*... Que é um *show*? *To show*, mostrar; *show*, exibição. Uma exibição do que quer que seja. Os *shows* de Ziegfeld sempre foram incomparáveis exibições da beleza feminina.

Todo mundo conhece esse gênero teatral que chamamos "exibição de pernas" – revista ou comédia musicada cujo objetivo último é dar números de dança com mulheres nuas. Gênero clássico, universal, observável do Rio de Janeiro a Xangai. Procuram-se mulheres de forte *sex appeal* para gáudio da libido do público, reprimida de mil modos ou mal satisfeita na vida real. Gênero vulgar e grosseiro, bom para plateias de marujos, soldados de licença, comerciantes pequeninos casados com megeras.

Ziegfeld sublimou o gênero. Glorificou a *American girl*. Um dos seus *shows* tinha esse nome *Glorifying the American girl* – e, de fato, escolhê-las segundo um sábio cânon de beleza, como ele sempre o fez, e apresentá-las naquela moldura de riqueza e arte, era positivamente glorificar.

Impossível reunir grupo de criaturas humanas mais belas que as duas ou três dúzias conhecidas como as Ziegfeld Girls. Da mesma idade, do mesmo viço, da mesma altura, das mesmas proporções, da mesma beleza plástica e de rosto, vê-las na dança de conjunto, despidas como estátuas, valia por sentir o choque da beleza pura – não o choque do *sex appeal* apenas. O esplendor da mocidade, o esplendor da beleza e o esplendor da arte – eis em que consistia o segredo da tremenda sedução que o gênio artístico desse homem soube criar na América, para deslumbramento dos nossos olhos e regalo desse misterioso *quid* a que chamamos senso estético.

Para as *girls*, ser colocada por Ziegfeld no seu mostruário correspondia à vitória suprema a que a americana aspira – celebridade e milhões. A celebridade vinha instantânea – e os milhões logo atrás pelo casamento. Num jornal li que setenta por cento dessas *girls* eram, pelos milionários casadoiros, arrancadas a Ziegfeld com o gancho do casamento.

Pois bem: ter a neve, a primeira neve do ano e a primeira que o bugre dos trópicos ia ver, anunciada por uma das famosas estrelas dessa plêiade única de joias de 20 anos, vale por episódio desses que a memória jamais esquece.

– Sim, mas como foi isso? – insistiu Mister Slang, para quem a beleza, junto com o dinheiro e o talento constituíam as três forças supremas da vida.

– Eu estava no escritório dum velho amigo, por essa época agente comprador de filmes de cinema, rapaz bonachão que fazia do seu escritório o verdadeiro *club* dos brasileiros em Nova York. Súbito, a porta envidraçada abriu-se e uma criatura de rara beleza entrou.

– Quem será? – indaguei dum frequentador do escritório com que eu conversava no momento.

– Pois é a Miss Naomi J., uma Ziegfeld *girl* que está se divorciando do C., não sabe a história?

Vim a saber naquele dia. Esse C., rapaz brasileiro de muito brilho e capacidade, mas destituído dos freios de controle que fazem da capacidade e do talento uma verdadeira força, apaixonou-se pela famosa Ziegfeld *girl* e entendeu de arrancá-la ao teatro pelo único processo admissível – o gancho do milionário.

CAPÍTULO XXV **189**

Tais artes fez, que a seduziu, e pelo espaço de um mês depois de casado soube dar-lhe, e à *entourage*, a impressão de que era realmente filho dum grande magnata do Brasil, com vários milhões de cabeças de gado nos campos e outros tantos milhões de cafeeiros em São Paulo. Com alguns milhares de dólares, que não se sabe como arranjou, pôde, num dos melhores hotéis de Nova York, manter por um mês o seu *show* matrimonial. Por fim, os dólares evaporaram-se e... o pano desceu. No mês seguinte Miss Naomi requeria divórcio – caso tratado escandalosamente numa página inteira, com lindas gravuras, pelo *New York American*. Apesar de ter advogado americano, Miss Naomi aparecia ali às vezes para tratar do seu caso com o dono daquele escritório, espécie de advogado também e conselheiro oficioso – isso graças à nacionalidade de ambos, o nosso amigo e o "milionário brasileiro."

Miss Naomi ao entrar saudou um dos presentes, também seu conhecido, e disse:

– *The snow is falling.*

A neve está caindo! Aquela notícia alvoroçou-me tanto, a mim que esperava cheio de ansiedade o primeiro contato com a maravilha da neve, que cometi o crime de retirar-me precipitadamente do recinto honrado com a presença da Vênus para ir ver a neve cair.

Vi a neve cair nos seus lentos flocos vadios, que descem boiando com a preguiça de fragmentos de penugem. Mas senti-me logrado. A neve só é neve como a sonhamos nos jardins ou nos campos, onde pode ir-se acamando sobre a relva ou galhos das árvores de modo a formar aquela *féerie* que nunca cessa de nos deslumbrar. Na rua, a cair sobre a cabeça e os ombros de bípedes apressados, ou sobre os passeios e o pavimento, onde é logo apisoada e toda se converte em gelada pasta de lama, em vez de bela é simplesmente sórdida – e, pois, não valia o sacrifício que eu fizera duns minutos mais de contemplação duma Ziegfeld *girl*.

Voltei ao escritório. A Vênus já se havia retirado. Tive, portanto, de contentar-me com rever o quadro rápido que se me desenhara na memória – a sua entrada, a sua saudação de cabeça e aquele *The snow is falling* de que jamais esquecerei o tom.

– Muito bem – comentou Mister Slang. – Quanto a mim confesso que fui menos feliz. Não me lembro do meu primeiro contato com a neve. Filho dum país de neve, eu, como todos os mais, comecei tão cedo a ver a neve cair que não guardo memória da primeira impressão. Mas essa Ziegfeld *girl* obteve divórcio, afinal?

– Está claro que sim. Todos tomaram o seu partido, sendo o pobre C. forçado a sumir-se da circulação.

A conversa caíra ocasionalmente no assunto "divórcio", onde ficou por algum tempo. Divórcio, divórcios...

Ninguém escapa de tal debate, tão frequente é ele e tão tratado pelos jornais. Em toda a América, em cada cem casamentos dezesseis se dissolvem com o divórcio. Em certos estados a porcentagem é mais alta – nos estados em cuja área se erguem as cidades tentaculares. O urbanismo intenso favorece o divórcio.

O assunto é dos mais universalmente debatidos, com os campos bem delimitados – os que lhe são favoráveis e os que lhe são contrários. Em cada país, entretanto, o divórcio significa uma coisa diversa. Nuns favorece ao homem. Na América só favorece a mulher. Quem se divorcia na América é a mulher. O homem "sofre" o divórcio. Embora as leis fossem feitas pelos machos, tanto se excederam eles nas garantias outorgadas à fêmea que hoje se arrependem com lamentos de cortar o coração – porque já agora é tarde e não há voltar atrás. A americana, repito, é como o sapo. Quando agarra não larga mais.

Cada divórcio, a não ser que se trate dum milionário para quem um corte de vulto em sua fortuna em nada lhe altera a situação econômica, vale pela criação duma vítima – o marido. Os juízes, ao decidirem o pleito, invariavelmente favorecem a mulher, condenando o marido ao pagamento de *alimonies*, ou pensões; e, se o desgraçado vive do seu trabalho, tem de permanecer pelo resto da vida escravizado economicamente à criatura da qual se desquitou – ou que lhe deu o pontapé.

A esposa fica livre de casar-se de novo. A famosa Peggy Joyce já casou sucessivamente com cinco milionários – por esse processo milionarizando-se também. Mas o pobre do marido não pode fazer o mesmo. Como recasar, se ganha, por exemplo,

300 dólares por mês e tem de pagar toda a vida 100 dólares de pensão à sua cara, *caríssima* metade de uns tempos?

– Os juízes são escandalosamente feministas – observou Mister Slang. – Chego às vezes a revoltar-me com tanta parcialidade. E sabe você donde vem isso? Do predomínio político e social que a mulher adquiriu. O juiz vê-se forçado a pender para o lado da mulher individual, cujo caso tem a decidir, a fim de escapar à terrível sanção da mulher coletiva, organizada em clubes e sempre alerta na defesa dos direitos conquistados.

– Quer dizer, Mister Slang, que a luta entre os sexos está travada.

– Sem dúvida. Os dois sexos se digladiam. Finda a subordinação ao homem em que a mulher viveu desde os tempos mais remotos, subordinação que dava ideia duma perfeita harmonia entre o macho e a fêmea, surgiu esta mentalidade feminina americana, mal compreendida ou, antes, impossível de ser compreendida fora daqui. "Quem manda agora sou eu", é o que diz a americana em todos os seus atos. "Você já governou por muito tempo, meu caro machinho. O poder está agora do nosso lado." E o homem é aguentar. Daí os choques constantes – episódios da guerra travada, recontros em que o macho sempre perde a partida. Tão vantajoso para a mulher da América virou o divórcio que de 1909 a 1929 a média subiu de oito a dezesseis em cada cem casamentos.

– Pois nesse caso o remédio para o homem é não casar. Quero ver como elas se arrumam – sugeri simplisticamente.

Mister Slang deu uma gargalhada.

– Não casar? Mas se são elas que casam! E, se são elas que casam com os homens, que hão de fazer estes derrotados? Leia os jornais chamados "tabloides", que se tiram aos milhões e representam melhor, ou refletem melhor o espírito da América do que os grandes e sérios, ao tipo de *New York Times*. Veja como andam inçados de notícias de casamentos e divórcios, e que importância dão a tais casos. Essa imprensa é pura e completamente feminina. Os colaboradores, os repórteres, os *featuristas* – tudo feminino; em consequência, os pontos de vista que os tabloides defendem são sempre os da mulher. A tal ponto vai a coisa que elas estão virando tabu – sagradas! Lembram-me o português no Rio de Janeiro. Observei no Rio que a imprensa era livre de tratar de tudo com a máxima liberdade, menos do português. Jornal que se atrevesse a dizer o que pensa dos portugueses recebia logo a réplica no balcão – retiravam-lhe os anúncios, sangue sem o qual nenhum jornal vive. Na América o português se chama Mulher.

E, para comprovar o que dizia, Mister Slang tomou vários daqueles tabloides. Correu por eles os olhos.

– Não custa reunir provas do que afirmei. Nestes jornais tenho-as às dúzias. Está aqui um caso típico, da Califórnia, dado em telegramas: Samuel Reid, conhecido como o mártir da *alimony* do Norte da Califórnia (o que quer dizer que há o mártir do Sul, do Oeste e do Leste), começou hoje o seu quarto ano de cadeia, por escusar-se a pagar à sua esposa a *alimony* determinada pelo juiz ao conceder o divórcio. Reid mantém-se na recusa baseado nas mesmas razões do principio. Nada pagará enquanto o filhinho do casal não for retirado da posse da mulher e posto sob a custódia dum tutor. Veja, 4 anos – um verdadeiro mártir! Ficará lá 10, 20 – porque as mulheres são implacáveis e os juízes, timoratos.

Outro caso: Thomas Daly foi para a cadeia por trinta dias em virtude de amar em excesso a esposa. Havia abandonado o lar por algumas semanas, em consequência duma briga. Certo dia voltou, humilde, protestando o seu amor sem fim. "Não posso viver sem você, *honey* (por azedas que sejam, ou amargas, os maridos tratam sempre às esposas de *honey* – mel)." *Get out!* "Ponha-se no olho da rua!", foi a resposta da requestada. O pobre Daly obedeceu. Retirou do apartamento os seus pertences e os meteu no porão do edifício. E ficou na rua qual cachorrinho, diariamente tentando amolecer com súplicas o coração da esposa. Mrs. Daly, furiosa, deu queixa à Corte – e o juiz, com o rabo entre as pernas, arrumou com trinta dias de cadeia para cima do marido colante. Mas mesmo na cadeia Daly continua a cultivar o seu amor. "Nada me fará nunca deixar de amá-la", suspira ele...

A iniquidade das leis americanas, pelo menos em alguns estados, consiste em não dar a ambos, mulher e homem, igualdade de direitos. Dá mais direitos à mulher. No estado de Nova

York, por exemplo, a mulher não está sujeita a pagar *alimony* quando o divórcio é julgado contra ela, o que seria de equidade. A propósito vejo aqui uma notícia que dá um raio de esperança aos sócios do Alimony Club.

– Já existe um? – perguntei sorrindo.

– Existem vários, meu caro. Os maridos condenados ao pagamento de *alimonies* andam a se congregar em clubes, onde possam queixar-se uns aos outros da prepotência feminina. Diz a notícia: "A salvação bruxuleia no horizonte para os sócios do Alimony Club neste momento encarcerados por falta de pagamento das pensões a que foram condenados. Um projeto de lei foi submetido ao Congresso, em Albany, pedindo que seja nomeada uma comissão revisora das leis que regulam a matéria. Robert Ecob, presidente da Alimony Payer's Protective League – Liga Protetora dos Pagantes de Pensões –, pede o concurso de todos os interessados para que o projeto se converta em lei. 'Deve haver algo errado nas leis atuais', alega Ecob, 'mas nunca pudemos investigar coisa nenhuma porque não nos é permitido intimar testemunhas'". Veja, meu caro! Veja a que trapo a mulher anda a reduzir o poderoso rei dos animais aqui nesta América...

Por longo tempo conversamos sobre aquele assunto, de súbito interrompido por uma notícia de outro gênero, caída sob os olhos de Mister Slang.

– Pobres negros! – exclamara ele largando o jornal sobre os joelhos. – Ajudaram a fazer esta nação (à força, é verdade), mas não conseguem escapar ao estigma da cor. Leia isto.

Li. "Posta no ostracismo por suas próprias companheiras de escola e transformada numa pária social até na sua própria família, Bernice Seeney, 25 (é assim que os jornais dão notícias – um número adiante do nome, indicando a idade – ou os milhões, se se trata de gente de milhões), que só após cinco anos de matrimônio, e de dois filhos, verificou que o esposo tinha sangue negro, obteve o seu divórcio, concedido pelo juiz Hatch. Mrs. Seeney, ao depor, declarou que desejava não só romper o casamento como ainda sacrificar seus direitos de mãe em relação aos dois filhos, que pedia fossem entregues ao marido. Declarou mais que, ao casar-se, não percebera sinal nenhum em Mister Seeney de que tivesse nas veias sangue negro. Só cinco anos mais tarde, ao descobrir um seu parente, veio a ter conhecimento da terrível coisa."

– É demais, Mister Slang! – exclamei revoltado. – Renegar o marido, tão branco na aparência que só depois de cinco anos de convívio, e por acaso, ela soube que tinha nas veias uma remota gota de sangue africano, já era muito. Mas essa puritana da raça vai além – renega os próprios filhos. É odioso, não acha?

– Não sei – respondeu Mister Slang, que, apesar de inglês, participava bastante do preconceito racial americano. – Não sei se não será isso um instinto da raça que se defende. Cruel, confesso. Crudelíssimo, neste caso. Mas os altos interesses da pureza da raça não estarão acima dos pequeninos interesses do indivíduo?

CAPÍTULO XXVI

Na Biblioteca Pública. Roupas feitas. Matar o tempo. Beleza das africanas. Anatole, Putois, Voltaire e Edison. Irreverências de Mister Slang.

A conversa caiu sobre raças. Haverá raças? Que é raça? E ainda debatíamos esse tema quando chegamos à Biblioteca Pública da Quinta Avenida. Eu gostava de parar ali, subir a escadaria e debruçar-me no parapeito que circunda o patamar do imenso edifício, perto dum dos leões de pedra que, sentados, montam guarda nos cantos. Era de onde melhor eu podia sentir a massa humana que, como águas de um rio, rola eternamente pelo leito da rua.

Detivemo-nos naquele ponto.

– Veja – disse Mister Slang, ao debruçar-se comigo no parapeito –, veja como *elas* circulam. Só aqui circulam. Em toda parte, no mundo todo, a mulher ainda é o animal caseiro. "A mulher foi feita para a casa", creio que isso vale por apotegma universal. Quem circula é o homem. Só aqui na América ambos circulam.

De fato, o número de mulheres correspondia com sensível equilíbrio ao número dos homens. Todas bem trajadas, ao modo americano, isto é, estandardizadas sem exagero – primorosamente vestidas. Era um ponto que sempre muito me impressionou, aquele bem vestir-se geral.

– Estranho, Mister Slang, como todas trazem vestidos tão bem-feitos, tão bem cortados.

– Natural. A "costureira" praticamente já não existe – a mulher que para viver faz costuras. Há as companhias de costuras, a *mass production* do vestido. Um mestre o desenha, um mestre o corta, um exército de operários servidos por máquinas engenhosas o reproduz aos milhares. A americana média não perde tempo em vestir-se. É coisa de entrar no Macy's ou no Gimbels ou no Altman, esses imensos *Department Stores* que vendem de tudo, desde automóveis até carne fresca, e escolher entre os milhares de modelos à mostra um do seu número, cujo padrão lhe agrade. Escolher e vestir e pagar e ir saindo.

– Com os homens é a mesma coisa – lembrei eu. – Pouquíssima gente aqui mandará fazer a roupa. Mais cômodo, rápido – melhor, comprar o terno feito. Mas noto que só aqui é isso possível. Noutros países "roupa feita" equivale a roupa malfeita, de "carregação", como dizemos no Brasil. Tão mal-ajambrado fica um freguês dentro duma "roupa feita", que de relance todo mundo o percebe. Aqui, não. Impossível distinguir a diferença.

– A mania de ganhar tempo – explicou Mister Slang – introduziu este costume e fê-lo generalizar-se, tanto entre os homens como entre as mulheres – e isso permitiu às grandes companhias resolverem cientificamente o problema da roupa feita. *Time is money* – isto é uma das realidades da América. O tempo realmente vale ouro aqui. Matar o tempo constitui crime.

Fiquei a pensar comigo como era a coisa lá no meu Brasil sossegado. O esporte predileto do brasileiro, sobretudo nas pequenas cidades do interior, é matar o tempo. "Que estás fazendo aí, meu caro?" "Estou *matando* o tempo." Esta pergunta e esta resposta repetem-se de norte a sul milhares de vezes por dia. Matar o tempo! Crime dos crimes. Tempo que é vida, que é o bem único, insubstituível, impossível de ser comprado no armazém. Matá-lo, destruí-lo... No entanto constitui o nosso esporte predileto. Na América, se alguém declara que está matando o tempo, ou que matou o tempo, só falta ser preso, julgado e condenado à cadeira elétrica. Não matarás, diz o Decálogo – e os americanos ajuntam: nem sequer o tempo.

O desfile da massa humana é perpétuo, e intensíssimo naquela hora. Os escritórios despejam-se dos seus empregados. As moças que trabalham dirigem-se aos milhares para as estações de *subway*, ou esquinas onde param os ônibus. Que magníficas criaturas são! Altas, esguias, sólidas de pés, brancas de verdade, músculos com a *souplesse* que dá a ginástica. Sente-se a boa origem racial, a boa alimentação vitaminada e a vida higiênica – o tudo dando como resultado saúde. Chamei sobre isso a atenção do meu companheiro...

– É realmente onde se encontram em maior número os mais belos animais humanos do sexo feminino – advertiu Mister Slang, com a sua autoridade de turista conhecedor de todos os continentes. – Só na África vi mulheres lindas como aqui, desta lindeza que a saúde dá.

– Na África? – exclamei desconcertado. – Que ideia!

– Na África, sim. Os negros, sobretudo em certas zonas de condições climatéricas favoráveis, são animais perfeitos. Com alterar e infringir o que há de natureza em nós, a civilização nos vai deformando. A americana é este belo animal porque, graças à higiene, está cada vez mais se voltando à natureza, ao ar livre, ao exercício muscular, à satisfação normal dos seus "urges" orgânicos. Quando as inibições religiosas cederem lugar às prescrições da Eugenia, será a América o campo mais propício para a florescência do homem de amanhã, animal muito mais belo que o homem de hoje. Porque hoje, meu caro, somos ainda uma congérie de monstros. Repare no homem que passa. Irregular de feições, irregular na estatura, visível, evidentemente "malfeito". Sempre me impressionei com isso, com a feiura que trouxe para a humanidade a religião e as morais saídas da religião. Com o "desprezo à matéria" que pregam, desleixaram do corpo em proveito da alma, isto é, em proveito duma sócia do corpo. Consequência: a feiura horrenda da Idade Média que ainda persiste hoje, apenas minorada de leve com os avanços da higiene. Mas não basta a higiene. Temos de chegar à Eugenia. Esta sim. Esta será o grande remédio; o depurativo curador das raças. Pela Eugenia teremos afinal o homem e a mulher perfeitos – perfeitos como os cavalos e éguas de puro-sangue.

– E quando isso?

– Um dia, a duzentos, quinhentos, mil anos de hoje. O avanço da Eugenia se faz em progressão diretamente proporcional ao retrocesso da religião, que é a força que preserva, embaraça, impede, inibe.

Mister Slang libertara-se já em absoluto da teia do passado, que é visceralmente religioso. Certa ocasião em que discutíamos o assunto disse-me ele de improviso:

– Conhece aquele conto de Anatole France, "Putois"? Considero a obra-prima desse francês manhoso. Sem usar uma só vez a palavra Deus ou religião, Anatole descreve ali a criação de Deus à imagem e semelhança do homem e, como consequência da criação de Deus, o surto das religiões. A dama que num momento de apuros inventou o jardineiro Putois viu a sua criação de tal modo aceita por todos da cidade, e de tal modo a atuar na vida social da cidade, que acabou também acreditando na existência de Putois.

– Sim, mas veio Voltaire e... – comecei a dizer, muito sem propósito, pelo hábito de puxar o nome de Voltaire sempre que vinham à berlinda fatos da religião. Mister Slang cortou-me a vasa.

– Engano, meu caro. Voltaire, bem analisadas as coisas, talvez haja consolidado a ideia de Deus e fortalecido as religiões. Atacar às diretas jamais derrubou um partido. Quem começou a fazer mal ao Deus antropomórfico, e consequentemente às religiões, foi Edison, esse mago sem tímpanos de Menlo Park.

– Edison?! – exclamei surpreso. – Explique-me isso, Mister Slang.

– Sim, com a sua lâmpada elétrica. As religiões e os deuses nasceram das trevas. A treva gera o medo. O medo gera os deuses e os diabos, que por sua vez geram as religiões. Ora, foi Edison com sua lâmpada quem deu o grande golpe nas trevas. Uma criança de Nova York, por exemplo, cresce sem saber o que é o escuro, e, pois, sem sentir nos nervos, nunca, o arrepio estranho que a criança dos sertões de Goiás sente quando a noite cai e a terra toda se recobre de escuridão impenetrável. Tem a criança de Goiás, para combater a treva envolvente, a lamparina de querosene, de luz mortiça, oscilante, criadora de sombras móveis. Já a criança nova-iorquina, com a lâmpada de Edison em todos os cômodos da casa, cresce sem saber o que significa psicologicamente a treva. Daí a ausência de medo ao escuro e aos produtos do escuro – diabos e deuses. A religião que adquirem vem apenas por transmissão, por sugestão dos pais e mestres. Não a recebem da própria natureza. O pequeno goiano, porém, não necessita recebê-la dessas fontes indiretas – recebe-a diretamente da fonte original – o escuro, a mesma que a criou no homem das cavernas.

Benzi-me às escondidas e, com medo de que nos caísse na cabeça um raio vingador de tanta impiedade, fiz a conversa voltar para assuntos menos perigosos – mulher, roupa feita, eugenia. Por fim, cansados do desfile de gente, entramos.

CAPÍTULO XXVII

Public Library. A biblioteca das crianças. Dois futuros Lindberghs. Peter Pan é relembrado. Meninice e mocidade. Amor, amor...

Sair da Quinta Avenida, o torvelinho perpétuo, e cair na Biblioteca Pública, corresponde a mudar de planeta. Reina lá um silêncio de recolhimento, e ainda uma constante temperatura de primavera, por mais que fora o verão escalde.

Mister Slang levou-me à seção das crianças, que eu ainda não conhecia.

As crianças... Creio que foi Dumas quem disse ser estranho como duns animaizinhos tão inteligentes sai o estúpido bicho que é o homem adulto. Sim, sim. Tem razão. O lindo da criança, o ultralindo das crianças está em que são naturais. Com o crescer mete-se a educação a fazer do animalzinho natural o animalejo social. Educar vale dizer socializar, isto é, artificializar. Daí a estupidez adulta. Educação... Meio de arruinar a exceção em proveito da regra, disse Nietzsche. Meio de destruir a coisa única que dá valor – personalidade, individualidade. Mas...

Encantou-me, aquilo. Em duas grandes salas, presididas, do centro, por uma guardiã na sua mesa entre grades (ótimo esse engradamento do único adulto ali existente), desdobram-se, cobrindo as paredes, as estantes baixas onde tudo que é literatura infantil publicada no mundo se reúne. Cadeirinhas de meia altura, mesinhas em miniatura, toda a mobília criada ad hoc para os frequentadores da seção, fazem-nos sorrir logo de entrada. Apesar de estupidificado pela educação, o pobre adulto conserva dentro de si a criança que foi – e sorri sàmente, animalmente, todas as vezes que algo lhe fala a essa criança.

Assim se deu comigo. Pus-me a sorrir o sorriso puramente biológico, sem intenção, sem causa – o sorriso da criança solta. Aquelas cadeirinhas, aquelas mesinhas, aqueles livros de figura...

Não há ali regulamento estragador do prazer do consulente; ou então o regulamento é feito de modo a coincidir com os impulsos naturais da criança que entra: "fossar" na imensidão de livros, sem atender a mais nada além da sua natural curiosidade e irrequietismo.

Gostei, sim; gostei do sistema. Vi dois meninos entrarem, de narizinho para o ar, farejando. Já conheciam os recantos da biblioteca. Foram a uma estante e sem vacilar um deles puxou certo livro. Sentaram-se no chão para folheá-lo.

Aproximei-me para ver que obra os havia interessado. Era um livro de ciência infantil, aberto na página dos aeroplanos. O mais taludo explicava ao menor uma particularidade qualquer de certo aparelho, talvez expondo uma grande ideia que tivesse na cabeça. O outro olhava apenas, sem ânimo de objetar.

– Um futuro Lindbergh – murmurou Mister Slang. – É assim que eles se formam.

– Estou gostando imensamente da liberdade que gozam aqui as crianças, Mister Slang! Deitados sobre o livro, no chão, esses dois! Mas isso é único! Chega a fazer-me perdoar vários crimes da América.

O prazer das crianças é ali intenso, porque podem mexer à vontade. O "não faça isso, não bula nisso" não existe. Podem tirar das estantes os livros que desejarem, dois, três, quatro ao mesmo tempo, e vê-los, lê-los, cheirá-los quanto quiserem, onde e como quiserem – no chão, como os nossos dois futuros aviadores, nas mesinhas, nas cadeirinhas de balanço. E nem sequer necessitam repô-los no lugar. Nenhuma obrigação ali, além da de se regalarem com a livralhada deliciosa, cheia de coelhinhos que falam, como o famoso *Uncle Wrigley* que todas as crianças adoram; e a *Raggedy Ann*, boneca de pano famosa, e *Alice in Wonderland*, e Robinsons de todos os jeitos, e Gullivers de todos os formatos, e *Tom up my thumb* e *Cinderela*...

– Quanta razão tinha Peter Pan, o menino que jamais quis crescer! – murmurei com toda a sinceridade de alma. – Que asneira crescer, ficar gente grande, ter de virar bicho social – estúpido, hipócrita, recalcado... Ser um Hoover, atrapalhadíssimo com os tremendos problemas do após-guerra, quando se pode ser aquele garoto, que sonha talvez dum novo aeroplano, sem asas, sem motor, sem rabo...

Mister Slang concordou, confessando que a vida lhe fora um perfeito sonho mágico até o dia em que perdeu a crença nos coelhinhos que falam, nas fadas que com a varinha de condão viram uma coisa noutra, nos príncipes encantados que se casam com princesas mais encantadas ainda. E contou vários episódios da sua infância de sonho, passados no Kensington Garden de Londres, parque onde jamais se atreveu a entrar depois de adulto – de medo de matar as deliciosas impressões ali recebidas em criança.

Ao sairmos, de rumo ao andar superior onde estão os livros para a gente grande – a gente que caiu na asneira de crescer –, passamos por uma comprida galeria em cujas paredes de mármore largos bancos também de mármore se espaçavam. Num deles vi uma menina aí dos seus 16 anos, reclinada, mãos nas têmporas, absorvida na leitura dum livro. Tão lindo me pareceu o quadro que insensivelmente me atardei; e ao chegar ao extremo da galeria entreparei, sem ânimo de dobrar a esquina. Depois da visão das crianças na biblioteca infantil, aquele quadro da juventude absorta em sonhos me completava o dia. Era a imagem da flor que se alheia ao mundo; e ainda com mais pétalas pendidas para a infância do que para o "outro lado", vive a sua vida de sonho, à sugestão dum livro que naquele momento lhe traduz todos os anseios d'alma.

Romance de amor? Certo que sim. Em tal idade não é outro o alimento que a carne e o espírito pedem. O episódio devia ser dos mais empolgantes. Para aquela menina absorta deixavam de existir Nova York, público, ambiente. Existia o herói que lhe tomava a imaginação, talvez vivendo no livro um dos grandes momentos que só o amor dá. Lindo! Cem anos que eu viva e jamais me sairá da memória aquele quadro da mocidade a sonhar. Mocidade: arranco da infância, salto que a vai transportar dum mundo para outro... Salto, sim... estado de levitação. A mocidade, como salto que é, boia no ar, levita-se na euforia do amor. Depois vem a queda – o chão duro e áspero do resto da vida – a idade do adulto, a fase que enchia de horror ao sábio Peter Pan...

Mas... e Mister Slang? Procurei-o inutilmente. O quadro da menina que lia fez-me perder a pista do meu companheiro e interromper ali a minha visita a uma das grandes bibliotecas do mundo.

Saí.

CAPÍTULO XXVIII

Um artigo de Fritz Wittels. De Forest, o inventor do rádio. Grandes homens e grandes ricaços. Simplicidade dos nababos. Henry Ford e suas ideias sobre o dinheiro.

Ao chegar ao meu apartamento encontrei no jornal que levara da rua um artigo do doutor Fritz Wittels com o título: *Flaming youth should be encouraged, not lambasted etc.* A mocidade... como traduzir *flaming*? Flamante deve ser o correspondente direto ou ardente. A ardente mocidade deve ser encorajada, não *lambasted... Lambasted?* Que é isso? Vou ao meu dicionário vivo, isto é, telefono para Mister Slang.

– "Ah, sim?"

– "Por que o pergunta?"

– "Um artigo dum Fritz Wittels que me parece interessante, mas engasguei no título."

– "Wittels? *Spell it, please.*"

Soletrei o nome.

– "Conheço-o muito. Um velho amigo meu, dado a estudos de psicanálise. E por coincidência temos um encontro amanhã. Se quiser, venha. Conhecerá um tipo bastante curioso, de ideias penetrantes."

– "*All right*" – respondi, voltando ao artigo com mais interesse. Não cheguei a lê-lo, porém. Ia estar com o autor, ouvi-lo em pessoa – escusava portanto conhecer-lhe o pensamento empalhado naquele artigo. Além disso, o rádio anunciava para aquela hora uma execução da *Viúva alegre* em Viena, regida pelo próprio Franz Lehar, e isso me atraía. Fui-me ao rádio.

Como vai o mundo mudando por forças das invenções! Estar eu ali a ouvir música feita em Viena e a ouvir a voz do compositor num breve discurso introdutório! Uma ideia puxando outra, lembrei-me de De Forest, o inventor da válvula de rádio, a quem conheci numa conferência pública na Universidade de Columbia. Eu sentara-me ao lado dum homem de aparência vulgar, já grisalho. Enquanto esperávamos pelo conferencista (um russo que ia dissertar sobre a nova orientação que, como diretor, dera ao cinema na Rússia), puxamos prosa. Como o desconhecido tivesse à direita a esposa, que já estivera no Brasil, em Minas, não foi difícil travar conversa.

– "Que maravilha é Ouro Preto!", disse ela. "De tudo que tenha visto nas minhas viagens, o pedacinho de ruínas que mais desejo rever é Ouro Preto."

No fim da conferência de Eisenstein, quando nos separamos, apresentei-me: "Fulano de Tal, que também já viu Ouro Preto (era mentira)".

– "E eu, De Forest."

Levei um susto. Poucos dias antes os jornais haviam publicado a decisão judicial que dera ao De Forest, inventor da válvula de rádio, ganho de causa numa demanda contra a Radio Corporation, que lhe invadira uma patente. A empresa invasora tinha sido condenada ao pagamento de vários milhões. Se aquele De Forest fosse por acaso parente do grande De Forest, meu dia estaria ganho. Indaguei:

– "É parente do De Forest da válvula de rádio?"

– "Sou o próprio" – respondeu ele sem sequer sorrir, como eu sorriria, palermamente vitorioso, em seu caso. Assombrei-me. Arregalei os olhos. Mirei-o de alto a baixo.

– "Espantoso isso, Mister De Forest!..."

– "Que eu haja inventado a válvula?" – retrucou sorrindo enquanto saíamos.

– "Não. Que seja um homem como os outros" – expliquei, sempre a devorá-lo com os olhos, pois era o primeiro grande inventor que eu via assim de perto.

– "Oh, os inventores nem sequer chegam a ser como os outros. O que não daria Edison para ter o que todos têm – tímpanos em bom estado..."

A simplicidade dos grandes americanos sempre foi coisa que me seduziu. Certa vez, em Detroit, na sede da General

CAPÍTULO XXVIII

Motors, fui apresentado a meia dúzia de magnatas, cada qual mais rico e poderoso. Como os conhecia de nome e peso, avaliei-os monetariamente, em meio bilhão de dólares. Pois estive em conversa com esses homens por uns vinte minutos sem sentir em nenhum o cheiro de um centavo sequer. É característica do americano não denunciar por todos os poros a fortuna que tem, como certos indivíduos da minha terra, que, com apenas algumas centenas de contos empatados em hipotecas, cheiram ou fedem a dinheiro a vinte passos de distância.

O dinheiro lhes vem tanto e tanto, a esses capitães da indústria, que perde o valor e a significação. Para Henry Ford, por exemplo, o ouro não passa dum material de construção como outro qualquer. A um jornalista que lhe perguntou quanto tinha, respondeu:

– "Quanto carvão ou quanto ferro tenho?"

– "Não. Quantos dólares."

– "Ignoro, nem é coisa que me interesse saber. Ouro é um material de construção, como o carvão ou o ferro. Para criar uma indústria necessitamos dos três materiais: ouro, ferro e carvão. Nesta remodelação da minha fábrica, por exemplo, para produzir o meu novo tipo de carro, os materiais precisos foram três – ouro, carvão e ferro. Nenhum é mais importante que o outro, já que só com o concurso dos três consigo os meus objetivos."

– "E, por falar" – advertiu o jornalista –, "em quanto ficou a remodelação da fábrica? Quanto gastou?, pergunto."

– "Quanto carvão gastei?"

– "Não. Quantos dólares."

– "Ignoro, nem é ponto que me interesse. Tinha um montão de hulha aqui, outro de ferro à direita e outro de ouro à esquerda. Fui tirando de cada monte o necessário à mistura da qual tudo sai. Ainda não medi o monte de carvão, nem o de ferro, nem o de ouro para saber quanto me resta de cada um – e, pois, quanto gastei."

A América dá várias lições. Nenhuma, porém, maior que a dos seus grandes milionários. Transformam-se em centros captadores e redistribuidores do dinheiro. Realizam uma obra de socialização que constitui o sonho dos radicais russos. Que é Rockefeller hoje senão um redistribuidor para fins sociais? Vem daí o vulto gigantesco que o "donativismo" tomou aqui. Em 1929, por exemplo, a lista dos donativos subiu a... 2 bilhões e 450 milhões de dólares, sendo de notar que se vem mantendo em nível superior a 2 bilhões anuais desde 1923.

Em 1929 os 2 bilhões e meio de donativos foram repartidos assim: religião, 996 milhões; educação, 467 milhões; caridade pessoal, 279 milhões; caridade organizada, 279; saúde pública, 221; socorro a povos estrangeiros, 132; belas-artes, 40; recreio público, 21; outros fins, 14.

Essa lista é curiosa de examinar-se por apresentar aspectos que só se observam na América. Um deles é a quantidade de donativos anônimos, que sobem a milhões. Vi lá um donativo de 3 milhões de dólares, que seriamente me impressionou. Dar assim 3 milhões a uma universidade e não querer sequer que lhe conheçam o nome é, positivamente, *algo nuevo*.

– Wittels marcou-me encontro no Pirate's Den, em Greenwich Village. É tempo de rodarmos para lá – foi como Mister Slang me saudou quando surgi no seu apartamento.

– Bravos! – exclamei. – Sinto certa paixão por esse "Quartier Latin" de Nova York, que aliás conheço pouco por falta de um bom guia. Bairros dessa ordem, desordenadamente artísticos, só com cicerones. Mas quem é esse Wittels, Mister Slang?

– Um vienense freudiano que se especializou no estudo do amor. Diz ele que como há médicos que só estudam o cancro ou a tuberculose, era necessário que os houvesse especializados em amor – e fez-se um. Sabe o amor de A a Z. Destrinça-lhe os bastidores com o microscópio de Freud, e já anda tão conceituado que quando fala o americano o ouve. Tem uns livros também.

– Hum! Agora me lembro. Já li algo desse homem. Deixe-me ver...

– *All for love?*

– Não. Outro...

– *Caveman?*...

– Isso. *Caveman against man*, livro onde estuda os instintos que nos vêm dos tempos em que morávamos nus em cavernas e que ainda subsistem em perpétuo choque com as restrições impostas pela cultura, determinando nossas reações contra o meio e, pois, condicionando o nosso fado. É a tese. Gostei. Engenhoso, sim.

E, ainda discutindo Wittels, saímos a vê-lo.

A estação do *subway* que serve Greenwich Village é a da rua Christopher. Lá saltamos e deixei-me guiar pelo meu inglês, bom cicerone para aqueles meandros. Porque a velha Greenwich Village forma uma salada de velhíssimas ruas tortuosas e becos onde só um velho conhecedor pode orientar-se.

Subimos pela rua Christopher.

Como tudo ali muda e nos descansa da cansativa estandardização do resto de Nova York! A não serem os *Drug Stores* das esquinas, que repetem o padrão comum em que caíram no país inteiro, tudo o mais é novo – novo no sentido de diferente, pois quanto à idade é velhíssimo.

O ímpeto de remodelação que já transformou a mor parte de Nova York e que do *West Side* começa a invadir o *East Side* – zona mais popular, mais pobre, intensamente judaica – ainda respeita a Village, embora a haja reduzido de área. Subsiste o núcleo central. O resto já se renovou, e conquanto ainda procure ser Greenwich Village soa a falso. A Greenwich que atrai é a velha, toda pardieiros coloniais, irregularíssima, de ruas estreitas e malucas, verdadeiro labirinto de Creta.

As casas de curiosidades artísticas se sucedem, *Curio Shops*, como se chamam, onde o comprador encontra tudo o que é feito à moda antiga, manualmente, e nada do que é obra da máquina. Esse o contraste maior com o resto da cidade ou do país. No resto da cidade, em todas as casas de comércio, ninguém sente no artigo exposto à venda o homem, a mão do homem, o artista. Tudo é *mass production*, tudo é produto da máquina, sem outra assinatura além dum nome de companhia e dum número de patente. Estandardização.

O que se vende nas lojas da Village são as velhas coisas que desde os mais remotos tempos produz a criatura que se ausculta a si mesma e nas coisas mínimas revela a sua personalidade (o introvertido, o sonhador, o homem que medita, que foge do mundo de toda gente e cria o seu próprio). Coisas artísticas, em suma. Coisas que a mão faz, pois que o sublime instrumento por meio do qual todas as maravilhas da arte se afeiçoam é sempre esse prodigioso órgão com cinco dedos, unhas, palmas e o M da morte no centro. Em Greenwich Village a Mão impera – daí o seu encanto.

– É ali! – disse Mister Slang interrompendo-me a cadeia do pensamento e apontando para uma tabuleta – *"The Pirate's Den"* – o Antro dos Piratas.

Entramos. Wittels lá estava, de cara redonda, gordo, testa amplíssima e olhos verrumantes. Escolhia coisas no menu, pedindo informes ao criado – se o peixe era mesmo *mackerel*, se o cogumelo era mesmo de Plainfield, outras niquices de guloso.

Foi um inesquecível jantar. Não só o requinte dos pratos, como um vinho evidentemente anterior à guerra, e sobretudo o picante das ideias de Mister Wittels tornaram-no um dos jantares notáveis que tive em Nova York.

Especialista em amor, foi sobre o amor americano que Mister Wittels discorreu. Não me sinto habilitado a julgar suas ideias. Isso de ideias de há muito que me habituei a apenas exigir que sejam engenhosas, bem-arranjadas, com aparências de verdade. Não vou além, nem peço mais. E Mister Wittels as tinha singularmente engenhosas.

– O americano é um Creso de dinheiro, mas uma bancarrota em amor – foi a tirada com que, mascando um cogumelo, o doutor vienense abriu o assunto.

Mister Slang concordou que a preocupação excessiva do negócio – do grande negócio – de fato impropriava o americano para o cultivo do amor ao modo da Velha Europa.

– A reserva de energia vital de um homem tem limites – disse ele. – Negócios e amor fazem-se à custa dessa reserva. Quem despende demais dum lado, vê-se em déficit do outro.

– É o que se dá com o americano – ajuntou Mister Wittels. – Gasta todas as energias com o *business* – e nem pode deixar de ser assim, de tal modo se fazem grandes os negócios aqui. Uma vez preso na engrenagem, não há fugir-lhe aos dentes. E o americano sente volúpia em ser esmagado pela engrenagem dos negócios. Daí sua falência no amor. A libido do americano gasta-se mais no negócio do que no amor.

CAPÍTULO XXVIII   *211*

O freudiano surgira, e eu, sempre curioso desse novo sistema de investigar o quarto escuro humano, apurei os ouvidos. Quis conhecer o sentido que Mister Wittels dava à palavra "libido".

– Força Vital – respondeu-me ele. – É como Bernard Shaw lhe chama. Feixe dos instintos básicos de que resulta a força propulsora da raça. Tem suas raízes mestras no sexo, mas não se manifesta de modo exclusivamente sexual. Pode expandir-se em diversas direções. Sublima-se, idealiza-se. Pode ainda ser recalcado. Pode igualmente ser derivado para caminhos que só remotamente se relacionam com o sexo.

O americano ou sublima, ou reprime, ou desvia a libido em tal extensão que enfraquece a função biológica do sexo. O que vemos na América, obra dos americanos, é um sistema de ética e um conjunto de leis que tentam negar, ou ladear, os instintos básicos sobre os quais a vida se alicerça.

Como especialista do amor, tenho estudado a fundo o caso. Do mesmo modo, tenho psicanalisado inúmeros homens e mulheres desta terra – e todos, em regra conformados com a moral em vigor, revelam no obscuro subconsciente desejos que nem sequer a si próprios ousam declarar. Tais confissões, juntas a observações laterais, levam-me a concluir que a mulher americana constitui um desenvolvimento inédito da humanidade, uma floração nova na árvore da vida.

– Tem-nas realmente nessa alta ideia? – perguntei.

– Sim. Vejo nelas *algo nuevo*. São na realidade as mais belas mulheres do mundo, tão belas que já formam um novo tipo. E por que são assim tão belas?, pergunto a mim mesmo. Vá que o sejam as criadas no ambiente favorável da riqueza. Mas a *shop girl*?, a rapariga modesta, humilde, que não se forma em ninho de plumas? Também estas atingem a beleza – e sem o recurso enganador dos cosméticos e modas. Possuem uma beleza que elas evolvem de si próprias, como atendendo a uma exigência biológica.

Penso que há na mulher americana mais "vontade de beleza" que em qualquer outra mulher do mundo, porque ela sente necessidade de ser bela para atrair o *evasivo e relutante macho*. Não lhes basta para isso a natural feminilidade. São forçadas a somar a feminilidade com algo mais.

– E por que acha o americano tão evasivo? – perguntei.

– O "evasivismo" se dá em virtude de um hiper-refinamento do gosto ou por depressão, diminuição de força no instinto do macho. No caso americano pendo para a segunda hipótese. O constante atrito da libido, o dispêndio excessivo por canais diferentes, enfraquece o amante americano. E sua falha neste ponto força a mulher à inversão dos papéis. A iniciativa passa a ser dela.

A iniciativa é feminina

Mister Slang interveio, declarando que na sua opinião o povo americano era tão fortemente sexual como outro qualquer e citou o número avultado de crimes passionais que enchem as folhas. Além disso o assunto sexo era dos mais frequentes, não só em livros e jornais como ainda na conversação. Achava ele que em país nenhum do mundo a palavra "sexo" tinha tão alto consumo como na América.

– Por isso mesmo – contraveio Mister Wittels. – Falar, escrever, conversar sobre *sex* denuncia o estado d'alma que apontei. Quem a todo momento fala em amor nunca é, na realidade, um bem-sucedido praticante do amor. A discussão, o debate, é um substituto da expressão sexual.

– Derivativo?

– Sim – insistiu Mister Wittels. – Um derivativo. Ocorre

ainda que o *petting* e o *necking*, tão característicos da vida americana, constituem iniciativas femininas. Foram inventados pelas *girls* das modernas gerações, por sugestão do instinto, para estimular, acordar o modorrento macho.

O necking e o petting *da nova geração revelam os métodos que a moça americana foi compelida a adotar para espevitamento do moroso macho*

Mas Mister Wittels não generalizava de maneira absoluta.

– Está claro – disse ele – que minha teoria não abrange todos os americanos. Muitíssimos há, magníficos *he-men*, que receberiam altas notas num concurso mundial de virilidade. Mas o número dos positivamente inadequados para o amor é bastante grande para constituir uma variedade da espécie humana.

Os *nightclubs* andam cheios de americanos de todos os tipos e idades, que pagam preços fantásticos por um mau *drink*; e, quando voltam para casa depois de haver alisado a mão duma mulher, gabam-se no dia seguinte dum maravilhoso *good time*. Sentem orgulho em serem considerados *suckers*.

– Coronéis, dizemos nós na nossa terra.

– A ambição deles – prosseguiu Mister Wittels – não vai mais longe. É que a libido está enfraquecida. Tal depressão faz deles maravilhosos marchantes, mas lamentáveis Romeus.

O americano médio evita a mulher, influenciado pela fraqueza da sua libido e ainda pelo respeito que tem por ela. A mulher necessita e quer respeito, sim, mas entre o respeito

Nos Nights Clubs os americanos pagam preços absurdos por más bebidas e consideram-se compensados das despesas se tiveram o privilégio de apertar uma linda mão de mulher

e o amor prefere o amor. O exagerado respeito com que o americano a trata é uma astúcia protetora. Colocando entre si e ela a espada nua do puritanismo, o homem guarda-se da tentação.

– E o *flirt*? – perguntei.

– Mero substituto de amor. O americano gosta de brincar de amor – o *flirt* é isso –, mas defende-se como pode contra a tentação de ir além. Natural. Esse gigante do *business* durante o dia, no seu escritório, onde lança as redes por sobre o mundo inteiro, está à noite cansado – e o amor é noturno. E, cansado que está, foge à mulher sob a capa do respeito.

– Mas dão a elas tudo – interveio Mister Slang. – O trabalho ciclópico feito durante o dia reverte todo para o luxo com que ele aninha a companheira.

Mister Wittels sorriu e meneou a cabeça.

– Essa liberalidade nasce do desejo de proporcionar alguma compensação à mulher. Não podendo dar-lhe amor, dão-lhe tudo o que o dinheiro compra. Puseram-na num pedestal, não é? Mas a mulher prefere ser amada a ser adorada qual um ídolo de porcelana. São de carne. Isso de pedestal é outro truque. Meio de meter distância entre ambos, astúcia na batalha que o homem vem sustentando contra a atração feminina. Nos começos a mulher aceitou com vaidade essa atitude de veneração. Por fim descobriu que era *defesa* – e muito fria para valer o que

Um gigante de dia, não passa dum cansado homem de negócios à noite

lhe negavam em troca. Hoje, cansada da separação, das "cautelas", do "respeito", a americana atira-se à conquista do evasivo macho, destruindo-lhe as trincheiras e procurando eliminar as suas inibições. Daí o novo tipo de mulher que venho estudando na América.

– Realmente, um tipo novo?

– Novíssimo. Inédito no mundo. Na Europa as mulheres permitem-se envelhecer. Aqui não conhecem velhice. Ainda quando bem entradas em anos, conservam o *charm*.

– E que diz do avanço da mulher em aperfeiçoamento?

– Admito-o, pois não. Enquanto o homem trabalha e se absorve no *business*, a mulher liberta-se e adquire cultura. Intelectualmente e fisicamente já está batendo o companheiro. Que elemento de sedução apresenta o americano além do dinheiro? Eles "tomam" a mulher, como tomam um *cocktail*. Nada do *savoir-faire* do velho europeu, o qual "cultiva" a mulher e beberica sibariticamente o vinho. O homem lá, de cultura, faz da vida uma arte, e do amor, uma ciência. Já aqui o que o americano pede é não ser incomodado pela mulher – salvo por breves momentos.

– Mas, Mister Wittels, creio que as coisas estão mudando. Noto que a geração atual já não sofre as mesmas repressões que tanto torturaram os seus antepassados. O puritanismo cede terreno. Esse espírito novo, de revolta, é constantemente censurado em artigos de moralistas e em sermões – sinal de que se desenvolve.

– É certo, e no entanto a mocidade devia ser encorajada, em vez de *lambasted*.

Lambasted... Tinha eu afinal pescado o sentido da palavra que pela manhã me fizera telefonar a Mister Slang.

– A revolta da mocidade – continuou Mister Wittels – é a revolta da *girl* americana – e tudo me faz crer no começo da derrota do puritanismo. Já durou demais essa praga.

Os olhos de Mister Slang brilharam. Ele detestava o puritanismo, e aquele anúncio de Wittels sobre o começo da queda do seu "inimigo pessoal" lhe soube inda melhor que o vinho, que bebia a goles medidos.

– Tenho acompanhado – ajuntou Mister Slang – os sintomas dessa investida contra o puritanismo e concordo que a coorte rebelde se compõe mais de mulheres do que de homens.

– Perfeitamente. O macho segue o movimento, mas com relutância. No fundo, sempre o receio de ser empolgado pela fêmea. E a *girl* se vê forçada a abandonar a natural reserva a fim de vencer a inibição masculina. Daí o corte de cabelos à moda dos rapazes, daí o trajar masculinizado – astúcias tendentes a fazer o americano esquecer que ela é uma rapariga, até que num momento de descuido ele se renda às fascinações do sexo.

– Acha, Mister Wittels, que a moça americana vencerá a batalha?

– Tem de vencer. Está vencendo. Os trajes masculinizados, bem como o cabelo cortado, começam a cair; as linhas puramente femininas retomam. As moças já necessitam menos desse recurso desinibitório dos rapazes. Estão vencendo. A mudança de penteado e trajes indica *desmobilização parcial*.

O momento era oportuno para consultar Mister Wittels sobre o que pensava do casamento.

– Diga-me, Mister Wittels: a maior liberdade sexual que as mulheres reclamam virá destruir o casamento?

– De modo nenhum. O casamento é necessário à mulher como meio de desempenhar a sua função biológica. Mas não vejo motivo para que o casamento não se adapte a mudanças no regime sexual. Qualquer que seja o resultado da luta entre os sexos na América, tenho como certo que o casamento subsistirá. Passado este período agudo de revolta, de escândalo, de torvelinho e confusão, a "nova mulher" e o "novo homem" encontrarão uma nova forma de equilíbrio para o casamento.

Assim terminou a nossa conversa com aquele especialista do amor, e nessa mesma noite, voltando ao meu apartamento, fui ler com avidez o artigo que pela manhã me chamara a atenção para Mister Wittels. Abundava nos mesmos conceitos e, por malícia do jornal que o dera, vinha ilustrado de caricaturas que frisavam, com uma ponta de grotesco, as passagens principais. Hoje, que ponho essa conversa em livro, não considero deslocado intercalar nela alguns desses desenhos perversos.

CAPÍTULO XXIX

Igrejas conjugadas com hotéis e mais negócios. Um olhar de dúvida. A resposta de Mister Slang. Nosso almoço numa igreja. Desconfiança em si próprio.

Várias vezes eu havia conversado com Mister Slang sobre a ideia dos arquitetos de conjugar duas coisas na aparência inconjugáveis – uma igreja e um hotel ou casa de apartamentos. Dissera-me ele que isso não representava novidade, pois conhecia várias. Duvidei, não com palavras, mas com o olhar. Mister Slang não insistiu e mudou de assunto. Um belo dia recebi de Syracuse um telegrama seu, dizendo: "Venha amanhã almoçar comigo numa igreja. Hotel tal".

– Almoçar numa igreja? – repeti, deslembrado da antiga conversa e sem alcançar as intenções do meu excelente amigo. – Que quererá dizer com isso?

Em vez de quebrar a cabeça na decifração do enigma, aproveitei a folga do fim de semana para tomar o trem de Syracuse.

– Viva! – disse ele ao ver-me surgir em seu quarto. – Vamos ao almoço. Demorou, mas chegou o dia de vingar-me dum seu olhar...

– Dum meu olhar? – repeti, realmente intrigado.

– O olhar de dúvida que teve quando lhe falei das igrejas conjugadas a hotéis e casas de apartamentos.

Só então me veio à lembrança a nossa conversa a respeito.

Fomos almoçar. A igreja-restaurante era exatamente do tipo por ele assinalado. Um grande edifício que exteriormente não apresentava a forma clássica das igrejas, embora desse um ar. E, de fato, não era igreja, e sim um *building* com uma igreja encravada dentro. O bloco fora construído de modo a formar unidade, e planejado de jeito que a renda do hotel suportasse financeiramente a igreja. Vi, pois, e convenci-me de que o que tomara como pilhéria de Mister Slang não passava de realidade – e realidade já grisalha, pois aquela conjugação de hotel e igreja funcionava desde 1914, o ano da guerra.

Comi lá o meu bife, a minha omelete, o meu *pie* de maçã com o mesmo apetite com que o faria num restaurante de Nova York, embora com um pouco mais de unção. Mister Slang foi discorrendo:

– Há já vários templos deste tipo. Em Nova York estão erigindo um majestoso, o Broadway Temple, em Washington Heights, lá pela rua 173. Está em ossatura ainda. Vai ter uma torre bem alta, com a clássica insígnia das igrejas cristãs no topo. O corpo do edifício, deduzido o espaço a ser ocupado pelo templo, comportará ainda um hotel, um ginásio, um campo de *squash*, outro de *bowling*, outro de *basketball*, piscina de natação, apartamentos etc. A renda de tudo isso está calculada para amortizar as despesas da construção e ainda deixar 200 mil dólares para as obras religiosas e sociais da confraria.

Esse Broadway Temple constitui a primeira combinação de arranha-céu e igreja que o país vai ter. Breve o veremos funcionando. Planejadas, ou em início, existem várias outras.

– Acho a ideia ótima, Mister Slang. A igreja, assim, suportar-se-á a si própria, sem necessidade da coleta de dinheiros, que tão mal impressiona e tão incerta é.

– Foi o que induziu os americanos a entrarem por esse caminho. Muitas igrejas existem localizadas em zonas que outrora foram arrabaldes e hoje são distritos intensamente comerciais. O terreno que ocupam vale fortunas fabulosas. A transformação da cidade criou para tais igrejas uma série de problemas com duas únicas soluções boas: mudarem-se ou adaptarem-se. A princípio mudavam-se. Hoje estudam a adaptação.

Conservam-se no ponto onde foram originariamente erigidas, mas transformam-se em arranha-céus, destarte tirando partido da tremenda valorização dos terrenos. Passam de pobretonas que viviam de esmolas a arranha-céus de alto rendimento.

– Realmente – murmurei, pensando na Trinity Church, que, como um absurdo de pedra, fronteia a Wall Street, rodeada

CAPÍTULO XXIX 221

de túmulos velhíssimos, com as inscrições já roídas pelo tempo. – A Trinity Church vive de esmolas e no entanto ocupa um terreno cujo valor sobe a muitas dezenas de milhões de dólares. Que nababesca renda não tiraria ela se se adaptasse!...

A Trinity Church, por onde eu passava todos os dias de caminho para o escritório, sempre me impressionou. Velhíssima, com uma torre que já foi a mais alta da América, dá hoje a sensação duma igrejinha de presepe. Os imensos arranha-céus da Wall Street e começos da Broadway cresceram-lhe em redor como cogumelos, abafaram-na, anularam-na, fizeram da sua torre um brinquedinho de criança. No entanto, vem resistindo a todos os ataques do *business*. Teima em ficar ali, rodeada das suas carcomidas pedras tumulares, como para lembrar aos apressados magnatas em trânsito pela "rua que governa o mundo" o memento homo da Bíblia. Não o consegue, porém. A cabeça dum magnata vive tão cheia de coisas antibíblicas, tão obstruída de cotações de Bolsa e planos de golpes a dar ou a aparar, que talvez nenhum ainda haja olhado para a igrejinha pela qual passam todos os dias. De volta a Nova York fui com Mister Slang ver o majestoso bloco da Manhattan Towers, que quando concluído associará a Igreja Congregacional de Manhattan a um grande hotel. Rente ao solo, será uma igreja como todas as outras. Sobre essa igreja, porém, se sobreporão trinta andares a serem ocupados com o hotel. Nisto, como em muitas outras coisas, o americano mostra a sua capacidade de criar, sem atenção às sugestões do passado europeu. Criticam-no, metem-no a riso os outros povos. Por fim acostumam-se à ideia e acabam fazendo o mesmo. É desse modo que o progresso se processa.

Nem todos os povos possuem instinto criador. Muitos apenas imitam e copiam quando imaginam criar. Nada fazem sem preliminarmente verificar se existem precedentes. E alguns de tal modo se aferram a esta subalternidade, que erigem em argumento – em grande argumento, em argumento decisivo – uma frase interrogativa desta laia: "Mas se é assim, por que os outros povos já não fizeram isso?".

Quando o novo processo de fabricar ferro por meio da redução em baixa temperatura, desenvolvido em Detroit pelo grande William S. Smith, foi levado em notícia ao Brasil, como

Manhattan Tower, tipo de igreja associada ao arranha-céu

em condições de resolver, de maneira tão inesperada quanto segura, o caso siderúrgico brasileiro, o grande argumento dos técnicos do governo chamados à fala foi este: "Se é assim, por que os Estados Unidos ou a Alemanha já não adotaram esse processo?".

Não pode existir prova mais perfeita de insuficiência mental, de pobreza criadora ou, para falar língua mais positiva, de imbecilidade congênita. Desse mal está livre a América. Jamais o americano, quando uma ideia nova surge, olha em roda para ver se já recebeu o *placet* de outro povo. Não se considerando inferior a ninguém, estuda o caso, mede, calcula e, se encontra vantagens, adapta-a, qualquer que seja a opinião estrangeira. Tudo quanto existe foi criado. Um dia nasceu. Alguém abriu caminho. Admitir que *os outros* possam abrir caminho e a *gente não* não é reconhecer-se visceralmente incapaz?

CAPÍTULO XXX

Um professor hostil à riqueza. Idealismo. Mister Slang, porém, queria mais. Abuso do crédito. Ideias dum magnata. As procelárias. Figuração concreta dum milhão.

Muitas vezes conversei com Mister Slang sobre assuntos econômicos e principalmente sobre a verdadeira pletora de riqueza de que a América principiava a queixar-se. Sim, queixar-se. Lembro-me do diretor dum colégio experimental da Universidade de Wisconsin que em certa solenidade "censurou" o enriquecimento excessivo da nação. Esse homem estranho e fora de todos os moldes evocou a República de Platão, na qual a riqueza não tinha autoridade e as autoridades não possuíam nenhuma riqueza.

"Enriquecemos muito depressa", disse ele, "e por isso estamos em sério perigo. Todas as nossas *agencies of enlightement* (focos de iluminação mental!) pecam por excesso de riqueza. Riqueza e educação vivem em conflito. A riqueza material cega o homem. E como pode o cego guiar cegos?"

Por paradoxal que isso pareça, o orador deu ao tema visos de lógica. Comparou a América à morada dum milionário que nela vive com um filho a educar-se e um professor encarregado dessa empresa. "Mas o milionário controla o professor: eis o mal."

Não era ele contra a riqueza, mas contra a sua intromissão em campos onde não lhe compete imiscuir-se. E desenvolvendo suas ideias, pede livros que não sejam feitos com o alvo de lucro; jornais isentos da influência do dinheiro; arte cujo fim único seja pintar as coisas como são; evangelismo que não queira nem precise agradar; tribunais cuja integridade e imparcialidade estejam acima de qualquer dúvida; instituições de ensino que se devotem ao estudo de quanto seja de importância para a vida humana e deem os resultados desses estudos com a mais absoluta isenção...

– Só falta pedir que nasçam asas de anjo nas omoplatas de cada americano! – comentou Mister Slang ao ler-lhe eu esse discurso. – A América está cheia de descontentes desse naipe, contemplativos que querem coisas, que imaginam coisas, que reformariam o mundo de A a Z, se lhes caísse na mão a vara mágica de Moisés. Infelizmente, ou felizmente, o mundo é o que é. Jogo de interesses pessoais que se chocam. Se um país consegue, por meio dum conjunto de leis e duns tantos princípios de moral, manter em equilíbrio esses interesses, evitando que os homens (*Homo homini lupus*) se entredevorem na praça pública, o ideal está atingido. Esse estado de perfeição que os ideólogos impenitentes procuram não pode constituir um sistema de equilíbrio. Mera ficção utópica.

– Mas acha, Mister Slang, que a riqueza excessiva realmente esteja danificando a educação e outras instituições da América?

– A riqueza, como tudo, apresenta duas faces. Nada é absolutamente bom nem absolutamente mau. O contrário da riqueza é a pobreza, que também não é coisa absolutamente boa nem absolutamente má. Mas não creio que haja uma só criatura humana que, de instinto, não prefira sofrer os males da riqueza a sofrer os males da pobreza. Riqueza significa *poder*; pobreza significa *não poder*. Ora, não poder é para mim o mal dos males. Além disso, apesar de a América ser o país mais rico do mundo, e rico em escala nunca julgada possível, acho que ainda está longe do que pode e tem de ser.

Espantei-me de ver Mister Slang querer ainda mais para a América. Já tinha ela tanto que estava pondo contra si o resto do mundo. Tinha tanto que esperdiçava em escala gigantesca. Já fora demonstrado que, com o que o americano põe fora, nações inteiras, inclusive a China com os seus quatrocentos milhões de chineses, poderiam viver à farta.

Aleguei isso.

– Sim – respondeu ele –, a América tem muito, se a compararmos com inúmeros povos que nada têm. Mas isto é apenas um começo. Com o aparelhamento industrial de que se dotou, e os laboratórios de que se vem enchendo, e com todas as conquistas da ciência a serviço da exploração do seu imenso território, esta riqueza de hoje parecerá mediana a um século daqui. Sabe em que progressão a renda do povo americano aumentou nestes últimos vinte anos? Duzentos por cento!...

– Duzentos! – exclamei apatetado. – É forte...

– Em 1909 era de 35 bilhões de dólares. Está hoje, vinte anos depois, em 95 bilhões, segundo os dados do Chatam Phoenix National Bank. Esse surto não reconhece paralelo em parte nenhuma do mundo, em tempo nenhum. Se continua – e não vejo motivo para não continuar –, qual será a *renda* per capita do americano dentro dum século? Era de 325 dólares em 1909. Em 1928 estava em 745 dólares...

Objetei:

– Há de continuar, diz o amigo otimisticamente. Muita gente, entretanto, prevê uma parada, se não um retrocesso.

– Sim, parada, estação de repouso. Mas tudo continuará depois, com ímpeto maior. As crises são periódicas e não passam de estações de repouso e reajustamento. Já li a história das crises americanas e até ando a deduzir a lei que as rege.

– A que as atribui?

– Inflação por abuso de crédito. Especulação excessiva por excesso de crédito. O excessivo abuso do crédito dá origem a inúmeros negócios de base aleatória: a hipótese de que a progressão continuará na mesma marcha em que está vindo. Um abalo nesse alicerce (e eles abalam-se ciclicamente, em períodos de 8, 10 anos) determina o fenômeno crise. Cai, e é varrido para o lixo como um castelo de cartas tudo quanto se ergueu sobre o alicerce precário. Saneamento. Poda de árvore. Limpeza dos galhos "falsos". Mas, passada a crise, a árvore "mundificada" continua a crescer com ímpeto maior do que antes.

E como falamos em crise, a conversa recaiu sobre a de 1922, uma das mais fortes que abalou o país. Mister Slang havia acompanhado o seu desenvolvimento e até certo ponto a previra. O mesmo ia dar-se com a próxima. O meu arguto inglês via de todos os lados os sintomas da crise de 1929.

– A inflação está no apogeu, e inflação em escala nunca observada até aqui. A tempestade decenal aproxima-se – profetizou ele.

– Esse seu pressentimento, Mister Slang, está em oposição com todas as afirmativas dos capitães da indústria, desde Rarkob até Albert Schwab, o rei do aço. Raro o dia em que a palavra dum deles não aparece nos jornais, provando que a *prosperity* repousa em bases de cimento armado. "Nova era econômica", chamam a isto que vemos, e tão aperfeiçoada está a engrenagem do crédito, dizem, e tão forte é a trama dos bancos, que não há mais a recear a repetição das crises anteriores.

– É um dos sintomas que me fazem ver crise próxima – objetou Mister Slang. – A insistência com que os capitães da indústria, que estão a amontoar milhões com a *prosperity*, andam a falar na sua solidez, na sua eternização, dá-me arrepios. A insistência na tecla soa-me como grasnos de procelárias econômicas...

Disse e foi à sua secretária em busca de qualquer coisa. Voltou com um jornal assinalado com uns xis a lápis vermelho.

– Aqui temos a prova do que afirmei – continuou, mostrando-me um artigo do presidente da Metropolitan Life Insurance. – Leia.

Li.

"O povo americano está como nunca esteve", dizia esse economista. "Jamais gozou de tanta prosperidade material. Nossos 29 mil agentes (da Metropolitan), em contato permanente com dezenove milhões de *wage earners* (homens que vivem de salários), demonstram isso, fazendo-o refletir nos totais da companhia. Estamos realizando mais seguros do que nunca. O povo tem cada vez mais dinheiro para, feitos os gastos da vida, pôr de lado uma parte a fim de salvaguardar o conforto da família nos casos de doença, acidente ou morte.

Nosso povo está cada vez mais liberto da doença e da pobreza. O homem vive mais. E vive melhor que antigamente. Dispõe de mais lazer e sabe como se aproveitar desse lazer. Grande satisfação devemos sentir de vivermos num período destes, assistindo às miraculosas transformações que se vão realizando."

– Miraculosas! – interrompeu Mister Slang. – Note a força do adjetivo. Povo sem adjetivos, como é o americano, o uso crescente que começam a fazer do adjetivo é uma das coisas que me apavoram. Procelária...

Continuei a leitura.

"Ha razões para este milagre. A primeira é a extraordinária riqueza natural do país. Fomos dotados com 'mais do que a nossa quota' nas reservas naturais do globo – e desenvolvemos os meios de mobilizá-las. Nosso território é suficientemente rico para nos abastecer a nós próprios e ainda a uma boa parte do globo. A melhor reserva de petróleo, cobre, carvão e ferro do mundo nos pertence. Possuímos clima excelente e soubemos formar o país com os melhores elementos humanos. Apesar de sermos 120 milhões, cada um de nós possui quatro vezes mais terra do que um europeu. E quanto a reservas do subsolo, cabe a cada um de nós muitíssimo mais do que aos europeus, que já de muitos séculos vêm desfalcando esses recursos.

Uma estimativa do valor dos nossos recursos armazenados no solo é impossível. Cada ano que se passa, entretanto, traz-nos o conhecimento de mais reservas acumuladas.

Os números que representam a riqueza nacional americana são estupendos. O último cálculo dava um total de 353 bilhões de dólares. É fácil falar em bilhões de dólares, mas difícil figurá-los. Que é 1 bilhão de dólares? Quando procuramos ter dele uma ideia concreta, sentimo-nos tão fracos como o selvagem que só conta até dez pelos dedos. Talvez uma imagem ajude a ideia – 1 milhão de dólares, em moedas de 20 dólares, ou 50 mil moedas, pesa tonelada e meia e constitui a lotação dum desses caminhões blindados que os bancos usam para o transporte do dinheiro. Seria necessário organizar uma procissão de mil carros blindados para transportar 1 bilhão de dólares. Percorrendo uma determinada rua na toada de seis por minuto, a procissão levaria três horas a passar."

– Para o desfile processional de toda a riqueza americana – comentou sorrindo Mister Slang –, seriam, pois, necessários 353 mil caminhões blindados, num desfile ininterrupto de 1.059 horas...

Interrompi a leitura do artigo para figurar na imaginação essa teoria sem fim de milhões. Veio-me à lembrança uma história da carochinha com que em criança me faziam adormecer.

230 AMÉRICA

Era uma história da qual eu nunca vim a saber o fim. Havia no meio uma carneirada tangida pelo pastor através duma ponte. Começavam a passar os carneiros, a passar, a passar... e a história tinha de ser interrompida nesse ponto porque era preciso que passassem todos, sem perda de um só.

– "Ainda faltam muitos?", perguntava eu com os olhos sonolentos, quase a se fecharem.

– "Falta um monte! Lá vão eles passando, passando, passando..."

E o sono vinha antes que uma pequenina parte do rebanho imenso passasse.

Essa lembrança fez-me interromper a leitura. Transportei-me para a era feliz da vida, com uma lembrança a associar-se a outra nesse trabalho furta-cor do cérebro. Mister Slang chamou-me à realidade.

– Continue. Vale a pena ler tudo o que essa procelária escreve.

CAPÍTULO XXXI

A palavra *saving* está escrita no ar. Quanto o americano põe de parte cada ano. O que gasta com a vida, o que economiza, o que despende com seguros. A formação do maior centro monetário do mundo.

Continuei.

"Cada ano que se passa aumenta o gigantesco ativo da nação. Empilham-se mais riquezas, constituídas pelos *savings* do povo."

– *Savings* – disse eu interrompendo a leitura. – Está aqui uma palavra que se lê no ar, na terra, nas nuvens, em tudo, nesta América. A preocupação de acumular, economizar, pôr de parte, é geral.

– E é como a riqueza se acumula – observou Mister Slang.

– Há o que produzimos, o que consumimos; e há o que pomos de parte para o futuro. O americano produz como povo nenhum ainda produziu; consome e esbanja como jamais foi consumido ou esbanjado; mas nunca deixa de acumular. Não existe nesta terra instituição mais prolífica do que a dos *savings banks*. Em cada esquina vejo um. Continue...

– Pois o *saving* americano está em 13 bilhões de dólares por ano, diz aqui este senhor. Quantos carros blindados, Mister Slang? De que comprimento a procissão?

– Continue – respondeu ele gravemente. – Com dinheiro não se brinca...

– Nota em seguida o meu homem que a renda total do povo é de um quarto da riqueza nacional, e que isso em si constitui algo de extraordinário como proporção, só sendo possível num país em que prevalece o alto salário daqui.

"Da nossa renda nacional", diz ele, "a parte maior provém de ordenados e salários vencidos anualmente pelos trabalhadores.

CAPÍTULO XXXI 233

Mascateando a Arte

*Casamento de conveniência
(o grande industrial e a música em lata)*

*O Pied Piper de hoje (personagem lendário que
atraía as crianças com a música de sua flauta)*

Como as flores recebem a água da música enlatada

Como há de um "robot"* pintar um semelhante retrato?

* Robot, nome do homem mecânico criado nas oficinas da General Eletric e exibido nos teatros de Nova York.

CAPÍTULO XXXI   235

MAKING MUSICAL MINCE MEAT!

BIFF, bang, crash! ... The wheels turn ... the cogs mesh ... Canned Music fills the air!

And you, the music-loving public, buy your theatre tickets and sit there waiting IN VAIN for the old familiar, thrilling tuning-up of the orchestra ... listening IN VAIN for Living Music which only living musicians can play.

The RESULT of canned music is inferior entertainment AT THE SAME COST to you.

Will you stand for it? Will you let the glorious Art of Music die in this country? Millions of others who love music are saying AND ACTING "No." Unite with them in the Music Defense League. Mail the coupon today.

AMERICAN FEDERATION OF MUSICIANS
1440 Broadway, New York, N. Y.

Gentlemen: Without further obligation on my part, please enroll my name in the Music Defense League as one who is opposed to the elimination of Living Music from the Theatre.

Name ....

Address ....

City.. State..................

Estes elevaram-se o ano passado a 25 bilhões de dólares, ou sessenta por cento do total da renda nacional.

A parte maior deste dinheiro é empregada no custeio da vida; uma parte acumula-se nos *saving banks* e outra é invertida na compra de ações.

A renda média duma família operária na América está em 2 mil dólares por ano, dos quais 100 dólares são postos de parte, ou cinco por cento. Porcentagem que seria baixa, se outros cinco por cento não fossem despendidos em seguros – segunda forma de *saving*.

E não será ainda uma terceira forma de *saving* a compra pelo povo de automóveis, rádios, pianos e geladeiras – engenhos que determinam economias? Esta participação do povo nas coisas boas do mundo explica muito da nossa prosperidade. Eram, anos atrás, e são ainda hoje no resto do globo, artigos considerados de luxo e reservados aos ricos. Agora, uma vez que toda gente os consome, passaram a artigos de primeira necessidade.

Todavia, apesar do que se diz da disseminação desses ex-luxos e da compra a prestações de coisas que não constituem necessidade absoluta, os depósitos nos *saving banks* cresceram em 1928 de 2 bilhões e meio sobre o ano anterior."

– Dois mil e quinhentos caminhões de ouro, com 1 milhão em cada um – disse Mister Slang ilustrativamente. – Bela procissão para um ano!

– E não é só – continuei. – Menciona-se ainda aqui mais 1 bilhão recolhido pelas *building and loan associations*.

– Mais mil caminhões...

– E ainda os 3 bilhões que as companhias de seguros tomam.

– Mais três mil caminhões...

– E ainda o empate em *bonds* – 4 bilhões, e o empate em títulos – 3 bilhões e meio. Tudo isso torna o país o centro financeiro do mundo, posição até bem pouco tempo retida pela Inglaterra.

– Sim, sim – disse Mister Slang. – Daí provém esse interesse tremendo que o mundo mostra hoje pelos Estados Unidos. Todos sentem, reconhecem, que as possibilidades da América são ilimitadas – note bem: ilimitadas! Seu território, todo ele habitável e utilizável, corresponde a nove décimos da Europa, a seis vezes a França. E se o dólar é o que é, se a riqueza existe na proporção que existe, unicamente a si próprio o americano o deve. Fez ele esse dólar, que não existia antes; acumulou-o em quantidades tremendas à custa de tremenda quantidade de trabalho, norteado por uma organização única. Oh! – exclamou, interrompendo-se, com um olhar no relógio. – Quase uma hora já. Vamos ao *lunch* no meu Child's aqui da esquina, a gozar o aspecto gastronômico dessa organização...

Depois do lanche naquele Child's, que me ficou o mais simpático de quantos Nova York possui, tantas vezes ali lanchei com o meu velho amigo, tive de acompanhá-lo a Brooklyn, para onde o chamava um negócio. Ao chegarmos à ponte monumental Mister Slang retomou o seu hino à América, de maior valor por vir dos lábios dum inglês.

– Esta ponte, que poderemos chamar fantástica, com a velha cidade Brooklyn dum lado e a monstruosa Manhattan de outro, constitui uma estação onde havemos que parar e "admitir a América".

– Pois paremos e admitamos a América – respondi, descendo com ele do bonde para atravessarmos a ponte a pé, coisa que pouca gente faz.

Sou amigo de pontes. Tive a pachorra de atravessar a pé todas as pontes de Nova York, tarefa exigidora de mais coragem do que parece. São imensas. Três, quatro quilômetros de cabeça a cabeça. Atravessá-las a pé constitui caminhada para andarilhos.

No meio da ponte detivemo-nos em contemplação do quadro titânico. Titânico, sim, por pernóstico que pareça o adjetivo. Tudo que dali víamos dava muito mais ideia duma construção de titãs, os gigantes da fábula grega que superpunham montanhas para escalar o céu, do que obra do bipedezinho homem. Embaixo corria sereno o Hudson, àquela hora, como sempre, coalhado de embarcações em marcha rápida. Nunca deixei de impressionar-me com a pressa das embarcações que sulcam as águas de Nova York, tão contrastantes com a preguiça e a lentidão clássica dos veículos marinhos.

– Impossível! – murmurou Mister Slang após alguns minutos de contemplação. – Uma criatura nascida e desenvolvida aqui não pode ser igual aos demais seres humanos. Há de ser mais.

238 AMÉRICA

– Mais o quê?...

– Mais, só. Mais qualquer coisa – ou mais tudo. Quando chegar o dia da arte para este país, que grande, que revolucionária os americanos a vão ter!...

Era a primeira vez que em nosso intérmino cavaco Mister Slang abordava aquele tema. Apurei os ouvidos.

– Ainda não houve tempo para a arte – prosseguiu ele, como que falando consigo mesmo, de olhos perdidos no horizonte distante. – Ou, melhor, não cabem na América as velhas formas da arte europeia. O ritmo da vida acelerou-se em excesso para que o que satisfazia o grego, e ainda satisfaz o francês, encha a vida de quem nasce neste Maelström. Impossível, impossível... Este povo jamais usará roupas velhas, as roupas surradas do europeu...

– Resta que as suas roupas novas valham as velhas – adverti latinescamente.

– Serão diferentes... Serão outra coisa... Uma sincronização única no mundo ocorreu aqui. Tudo, casas e sociedades, se desenvolveu ao mesmo tempo, de ímpeto, cogumelarmente. Por pressa apenas, urgência de erigir, é que se voltaram para a Europa e tomaram os seus modelos. Foi a fase do provisório. Doravante, na construção do definitivo, a América tirará tudo de si, e o que faz na arquitetura e está fazendo na música fará em todos os mais campos.

Ficamos os dois em silêncio, cheios de ideias que não conseguiam tomar corpo. Sonhando acordados. Entrevendo a América futura, já a denunciar-se em mil brotos de desconcertante vigor, Mister Slang suspirou. Percebi que tal suspiro era a homenagem do seu coração à Europa.

O velho mundo tinha de passar – estava passando. O dia de amanhã ia ser americano – foi como traduzi aquele suspiro.

Ponte George Washington, sobre o Rio Hudson

CAPÍTULO XXXII

Walden Pond. Henry Thoreau. Seu personalismo. A morte do indivíduo. Colmeização. A bacanal do consumo. Abuso do crédito.

Muitos passeios instrutivos fiz com Mister Slang, o qual me lembrava os filósofos gregos que só filosofavam caminhando – os peripatéticos. Passeios ao acaso, guiados pela fantasia ou veneta do momento. Recordo-me dum a Walden Pond, lago hoje histórico, como no Brasil ficou histórica a ponte sobre o rio Pardo, ao pé da qual, enquanto a construía, Euclides da Cunha escreveu *Os sertões*. Rememorei esse fato quando Mister Slang, a lançar pedrinhas na água para vê-la abrir-se em rodulações concêntricas, observou:

– Aqui esteve, fará mais de oitenta anos, Henry Thoreau, o mais individual dos individualistas americanos. Construiu com as suas próprias mãos uma cabana tosca na qual passou dois anos a escrever *Walden*, livro hoje clássico. Vivia com o dispêndio de 1 dólar por mês, para a alimentação, e soube realizar um período de absoluta vida livre. Contam que certa vez lançou ao lago os três únicos enfeites que havia na cabana – três pequenos pedaços de calcário que ele mesmo recolhera numa das suas excursões pelos arredores. "Escravizam-me. Exigem que eu os espane..."

– Compreendo essa atitude – comentei, recordando os meus dias de humor negro e enjoo da civilização e da vida em sociedade, em que me vinham ímpetos de viver o anacoreta no deserto. – A disciplina social exaure. O chamado progresso não passa duma escravização cada vez mais apertada, que as massas consentem e aplaudem e, portanto, impõem à minoria individualista. Conheço a obra de Thoreau. É o meu homem nos momentos de desespero.

Mister Slang arregalou os olhos, como admirado de que eu conhecesse Thoreau. Por fim deu-me parabéns daquele encontro. Também ele se refugiava em Thoreau nos seus momentos de cansaço da civilização. Embora fosse, como era, o mais impetuoso justificador do progresso sob a sua forma *yankee* de aplicação em massa da ciência ávida, Mister Slang não escapava à sociedade, ou, antes, à saudade das formas de viver d'antanho. Sua adaptação, porém, ainda não se fizera completa, porque a faculdade de adaptação de Mister Slang tinha o passo mais curto que o progresso americano.

– Gostemos ou não – disse ele –, tenhamos ou não o índice adaptativo exigido pela marcha das coisas *yankees*, somos forçados a aceitar o contato dos nossos contemporâneos, hoje muito mais íntimo, muito mais intrusivo do que no tempo de Thoreau. Ignoro se é para bem ou para mal nosso que progredimos em corporatividade e diminuímos em indivíduo. Vamos tendendo para a vida da colmeia, onde o indivíduo não conta. A marcha para a frente é dirigida, mais e mais, por fatores corporados, com rumo a um ideal coletivo. O motor e a eletricidade como os temos agora, a imiscuirem-se em quase todos os atos da nossa vida diária, nos gregarizam mil vezes mais do que no tempo de Thoreau. E dada a ojeriza de Thoreau por *encroachments*, creio que se vivesse hoje esconder-se-ia no fundo do lago, em vez de o fazer na cabana construída à margem.

A independência pessoal que o levou a vir filosofar neste silêncio está hoje moribunda, graças ao incansável avanço da máquina. Vai-nos ela transformando em abelhas. Presos na sua engrenagem, o espernear dos indivíduos se torna pueril. As novas adaptações econômicas – a produção em massa, a entrefusão das empresas (*mergers*), os *chain stores*, os *chain* teatros, os *chain* jornais e todas as modalidades do emassamento, da coletivização, nesta guerra contra o indivíduo, tornam bem claras as tendências do amanhã: corporatividade do mundo. Colmeização.

Cada novo invento significa passo à frente para a vida agregada, para a uniformidade, para o padrão. A tendência é fortificar os grupos, fundi-los em grupos sempre maiores, integrar o indivíduo na massa, fazer da média, não da exceção, o ideal. Criar, em suma, o homem-abelha.

– Será para bem – adverti. – A humanidade já experimentou o individualismo. O sistema não resolveu a série de problemas que o viver em sociedade determina. Acho lógico que enveredemos pelo caminho oposto.

– Também eu. E vou mais longe. Tenho que a forma de vida social até aqui tentada pelo homem falhou, de modo que é forçado pelas circunstâncias que ele procura adotar o sistema das abelhas. Há que sacrificar o indivíduo como o tivemos até aqui. Em seu lugar surgirá a unidade coletiva. Daí a frase do grande John Dewey: "O indivíduo morreu".

– *O grande Pã morreu!...* – exclamei recordando a voz da Grécia. Mister Slang prosseguiu, comentando-a:

– Sim, foi a voz que o piloto Tamas ouviu certa noite no Mediterrâneo, seguido dum coro lamentoso de ecos. Morrera com o deus Pã o mundo antigo. John Dewey põe-se qual o moderno Tamas. Ouviria ele esse grito, vindo das caladas do seu subconsciente divinatório? *O indivíduo morreu!* A frase me soa bem merencória...

– Dói-se disso, Mister Slang, o senhor, um homem sempre na vanguarda? Acha que devemos reagir?

– Reagir seria voltar as costas ao que vem vindo na frente por amor a fantasmas de lá atrás. O que foi, foi. Deixou os seus resíduos positivos em nosso imo como material para a construção do Amanhã. Resistir é abandonar a criancinha que temos nos braços para tentar a arregimentação de espectros. O que há a fazer resume-se em descobrir caminhos novos para o indivíduo, em criar um individualismo que aceite a vitória da ciência industrial e lhe descubra os meios de com ela caminhar de braços dados. Durante sua vida inteira Thoreau pregou a liberdade – liberdade até da pressão das nossas próprias necessidades. Chegou a ponto de não deixar dominar-se pelo desejo de possuir qualquer coisa. Sua vida transcorreu qual um constante desafio à tirania ambiente, dos homens e das coisas.

"Simplificar", era o seu moto, Raymond Fosdick estuda muito bem o fenômeno, e tem o meu aplauso quando diz que estamos hoje sufocados pelo excesso de coisas.

– Bravos! – exclamei. – Encontro finalmente um homem que sabe definir o que sinto e o que sentem todos os habitantes deste país. Vivemos todos sufocados pelo excesso de coisas. Coisas demais, vida intensa demais, ciência demais a serviço da indústria para promover a *gavage* de toda uma nação. Excesso, excesso, eis o verdadeiro mal da América, o não sei quê causador do indefinível mal-estar que todos sentimos. Oh, como compreendo Thoreau lançando ao lago as três pedras que lhe enfeitavam a cabana! Simplificar!, eis tudo. Não fomos criados, nós homens, para vida assim pletórica. Temos necessidade de horizontes limpos, descampados, vazios – superfícies lisas de repouso. Sinto-o comigo muito bem.

– Mas temos de nos adaptar ao excesso de coisas. O impulso é nessa direção. O rádio nos invadiu a vida, como a invadiram o jornal e a perseguição do reclame. Todas essas invasões vivem a serviço da indústria, que só cura de criar novas coisas e despertar no povo a necessidade de possuí-las. O demônio jamais para com as suas tentações. Prova-nos, convence-nos de que sem o automóvel é impossível a vida; ensina-nos que essa máquina devoradora do espaço é uma vitória do nosso individualismo locomotor – e destarte impele cada família americana a ter o seu automóvel. Alcançado que foi o ponto de saturação, a sereia surge agora com o programa de dois automóveis por família – e prova que isso vem aumentar a liberdade das famílias. E assim com tudo. Cada criatura na América sente-se autorizada e é provocada a ter o que o vizinho tem. A indústria, por meio da sua maquiavélica obra de sugestão, fomenta essa ânsia. Depois, graças ao preço baixo que a *mass production* e a organização econômica das vendas com bases em saques sobre o futuro permitem, dá-lhe os meios de possuir a coisa. E temos o americano transformado em freguês possível e forçado do milhão de coisas novas que em escala sempre maior a indústria lança. Comprar, comprar – ter coisas, mais coisas. Para permitir esse ímpeto inédito no mundo veio a teoria e prática do salário alto, altíssimo mesmo. O pedreiro com 15 dólares por dia. O operário de fábrica, com 7 dólares diários. A cozinheira com 40 dólares por semana. "Pagando-lhes tais salários, faremos deles clientes." E esse freguês

CAPÍTULO XXXII   245

inédito, o operário, surgiu – freguês em massa, aos milhões e milhões. Quanto mais lhe pagavam, mais o operário comprava – e a indústria tomou a serviço toda a ciência do mundo para melhorar os seus processos, reduzir o preço de custo, vender por cinco o que antes da entrada em campo desses milhões de fregueses só poderia ser vendido por cinquenta.

– Mas...

– Sim, há um "mas". A dificuldade da situação está em que esta nova estrutura da indústria se baseia num estímulo permanente do desejo de mais, mais, mais coisas. Enquanto o povo responder ao estímulo que a propaganda incessante e habilíssima organizou, a indústria crescerá, as empresas distribuirão dividendos, suas ações se conservarão em alta na Bolsa. O consumo intensíssimo constitui o alicerce da *prosperity*. No dia, porém, em que o eretismo do consumo fraquear, teremos uma crise catastrófica, de proporções jamais imaginadas.

– Poderá fraquear? – perguntei especulativamente, porque não via nenhum sintoma disso.

– Acho que vai fraquear, que é fatal a crise. O ímpeto do "mais" deu no excessivo. O mal-estar por excesso de coisas, que você sente, todos acabarão sentindo. Tudo cansa, até ter. O que estamos assistindo nesta América de após-guerra é uma verdadeira bacanal de consumo. Pura orgia. A *salesmanship* elevada à categoria de ciência é sereia que tem conseguido manter em estado de frenesi a ânsia de adquirir coisas, úteis ou inúteis, boas ou más, desejadas realmente ou compradas por arrastamento. Vejo, entretanto, um ponto perigoso no sistema. O povo já está comprando a crédito, já está sacando sobre o futuro. O operário que adquire uma Frigidaire para a pagar em vinte meses está usando, como se dólar fosse, a *probabilidade* de manter-se no gozo daquele salário durante vinte meses. Venha uma perturbação econômica qualquer, tenha esse operário o seu ganho diminuído ou suprimido – e desabará sobre a América um cataclismo econômico de proporções únicas, capaz de refletir-se desastrosamente no mundo inteiro.

Enquanto Mister Slang falava, eu mirava a paisagem. As águas do lago viam-se amiúde com o liso encrespado por assomos passageiros de brisas leves. Paz e doçura. A calma da natureza que o homem ainda não industrializou. Algo mexe-se à beirinha d'água. Firmei a vista. Era uma dessas feiíssimas criaturas a que os americanos chamam *snapping turtles* – pequena tartaruga predatória, de terríveis dentes. Estava de tocaia aos peixes incautos.

– É uma brutinha – comentou com filosofia Mister Slang –; mas como teve a sabedoria de permanecer dentro da lei natural, vive num perfeito equilíbrio com o meio. Nós homens nos afastamos em excesso da natureza. Metemo-nos a criar coisas – e hoje nos sentimos infelizes com a nossa escravização a essas coisas criadas. Pobre Thoreau! Se já se sentia asfixiado pela América de um século atrás, como suportaria este arranque sem tréguas que é a América de hoje?...

CAPÍTULO XXXIII

O *crack* da Bolsa. Dias de pânico. Reação. O *bull* e o *bear*! A função controladora e saneadora do *bear*.

E afinal a crise veio. Tivera razão Mister Slang em ver maus sintomas na ânsia com que os capitães da indústria insistiam na nota da *prosperity* permanente e na extinção das crises cíclicas. Procelárias...

A crise veio, sim. Em 23 de outubro desse funesto ano de 1929 o arranha-céu especulativo da Bolsa, que vinha desde a guerra a erguer-se num ímpeto jamais observado, desabou. A baixa nesse dia foi ultraviolenta e indicativa não das oscilações comuns dos tempos normais, mas de terremoto em perspectiva, de tromba-d'água trazida nas asas de um ciclone. Pânico... Tal fora a confiança criada pela sistemática propaganda dos capitães da indústria quanto à Era Nova, isto é, quanto à entrada do país numa fase de prosperidade contínua, não mais sujeita aos abalos sísmicos das crises até então cíclicas, que ninguém pôde admitir aquilo como aquilo tinha de ser. Todos se firmaram na esperança duma reação altista que restabelecesse a curva sempre ascendente dos preços.

Vieram sucessivas reações de alta, sim, bem violentas algumas, mas sem força para deter o ímpeto da queda. E o mercado degringolou na série de pânicos que culminaram em 13 de novembro. Nesse dia lúgubre, quando tudo parecia perdido, um conjunto de fatores favoráveis, *bullish news*, interferiu. Coligaram-se, para criá-lo, os bancos, o governo e até Rockefeller com a famosa cunha de 50 milhões com que deteve a queda das ações da Standard Oil de New Jersey. Os *bears* vacilaram pela primeira vez desde o início do *crack* e precipitaram-se a comprar o que durante três semanas vinham vendendo diluvialmente. O espírito de especulação do público reanimou-se e fê-lo voltar ao mercado.

Nos dezoito dias de pânico a destruição de valor atingiu a soma fantástica de 50 bilhões de dólares, cataclismo suficiente para aniquilar por um século outro país que não os Estados Unidos.

Que é o Stock Exchange de Nova York? Difícil dar ideia... Um Monte Carlo onde o mundo inteiro especula em proporções absurdas.

Em 1929 as ações ali negociadas subiram à vertigem de 1.124.990.980, o que representa *alguma coisa*, sabendo-se que em 1º de outubro o valor médio de cada ação era de 83 dólares. Além desse movimento de títulos houve ainda o movimento de *bonds*, cujo total montou, para o mesmo período, em 3.200.316.700 dólares. Dia houve em que 16 milhões de ações foram negociadas, das onze horas às três...

E o jogo bolsista em Nova York não se cifra ao Stock Exchange. Há ainda a Curb, a Bolsa dos títulos que se preparam para entrar no Stock Exchange ou que, em vista de razões especialíssimas, preferem ficar fora dele. E há ainda as Bolsas dos outros estados...

As proporções demarcadas que o jogo de títulos atingiu na América decorrem logicamente da disseminação da riqueza numa população de 120 milhões de criaturas amigas de especular. Pobre ou rico, milionário ou trabalhador de fábrica, não há quem não compre ações a termo – mediante o depósito duma margem de 25 por cento – e até em prestações semanais. Desse modo, como o país inteiro especula, as crises cíclicas a que a vida dos negócios está sujeita afetam o país inteiro e não apenas ao capitalista profissional. Os 50 bilhões de dólares perdidos naqueles dezoito dias repartiram-se por 120 milhões de indivíduos. Direta ou indiretamente, ninguém escapou de pagar a sua quota na evaporação dos valores.

Ao romper do dia 14 de novembro o pânico estava conjurado. A queda a prumo dos preços fora detida. As reações de alta se sucederam até abril de 1930, com recuperação de 40 bilhões. A baixa, entretanto, não havia ainda processado o seu inteiro curso. Acentuou-se de novo desse mês em diante e novos *bottoms* foram alcançados – mas já aqui por degraus e fora da ação do pânico.

Bottom. Creio que nunca, como nesses dias, se fez maior consumo dessa palavra. *Bottom* quer dizer "fundo".

Numa queda, seja qual for, a preocupação exclusiva de quem está caindo, ou vendo algo cair, é o fundo. O fundo significa o fim da queda, o ponto onde a vítima se esborracha ou se salva.

Quando a massa gigantesca de títulos listados na Bolsa de Nova York despencou do píncaro a que se alçara numa ascensão contínua por vários anos, a preocupação exclusiva da plateia se tornou adivinhar o momento em que a avalanche atingiria o *bottom*. Para o portador do título o *bottom* representaria o fim da sua tortura. Para o candidato a esses títulos o *bottom* indicaria o momento de comprar. Uma vez atingido o *bottom*, o corpo em queda está amparado e só pode mover-se em sentido reverso. O título que atinge o *bottom* está ipso facto em início de alta.

E ficamos, Mister Slang e eu, a acompanhar a ânsia indagativa daquele povo para adivinhar o *real bottom*. Porque em matéria de *bottoms*, se foi atingido ou não, se é apenas um falso *bottom*, nenhum elemento de informação positiva existe. Tem de ser adivinhado.

– Veja que curioso é o fenômeno – disse-me um dia Mister Slang. – Os títulos caem vertiginosamente. O público abandonou o mercado, como zona perigosa. Os *bears* dominam a situação. Sua arrogância não tem limites. Mas o público está de atalaia, espiando a maré. Assim como há pânicos, como este em que todos cegamente se precipitam a um tempo para vender, há o pânico reverso, em que todos se atiram para comprar. O país inteiro está tocaiando o *bottom*. No momento em que uma corrente de intuição coletiva disser que o fundo foi realmente atingido, iremos assistir ao movimento contrário. O público a comprar e os *bears*, apavorados, a comprarem também.

Há dois partidos, o do *bull* e o do *bear*. O *bull* joga na alta, e portanto compra o *bear* a baixa, e portanto vende. O *bear* vende

CAPÍTULO XXXIII   *251*

o que não tem, vende a entregar. Sobrevindo baixa, ganha, pois realiza a entrega comprando por menos o que vendeu por mais.

Nos momentos de pânico os *bears* o agravam, somando as suas vendas a entregar com as vendas normais dos que realmente traspassam os títulos que possuem. Intensificam, portanto, a oferta e assim forçam, ou prolongam, o movimento de baixa. Mas também eles estão de olho atento no *bottom*. Se sentem que o fundo foi atingido, veem-se forçados a cessar as vendas e a passar a compradores, a fim de se cobrirem. Em vista disso, do mesmo modo que precipitam, acentuam e prolongam a baixa nos momentos de pânico, os *bears* se tornam um fator violento de alta quando a situação se inverte. Forçados a adquirir, erguem o mercado a nível mais alto que o natural.

O clamor contra os *bears* nos dias de pânico foi intenso. A eles se atribuía a calamidade que o país estava sofrendo. O governo chegou a intervir, e a administração do Stock Exchange tomou as medidas que pôde para lhes limitar as atividades. Assim acossados, retiraram-se os *bears*, ou reduziram suas operações ao mínimo. A consequência foi inesperada. O mercado caiu num marasmo mortal. O povo americano, que não dispensa o seu querido esporte bolsista, fonte das maiores emoções, verificou que as coisas neste mundo estão muito bem entrosadas, nada sendo dispensável na máquina dos negócios, nem mesmo o odiado *bear*. E o *bear* voltou, como ingrediente amargo, antipático, mas indispensável ao jogo de títulos.

– O público tem razão – comentou Mister Slang. – A Bolsa constitui o pulso deste país. Se cai em marasmo, com os preços uniformemente os mesmos por dias sucessivos, a sensação é de morte. O *bear* exerce uma função preciosa. É quem vivifica o mercado. Se a inflação vai impetuosa, ele tira a prova real da "qualidade" da alta intensificando as vendas. Persista a procura apesar do excesso artificial que as vendas dos *bears* determinam, está feita a prova – é alta sadia, em que o baixista sai perdendo, pois para cobrir-se tem de comprar por mais o que vendeu por menos. Se a alta é falsa, sem base, promovida por especulações dos *bulls*, os ataques dos *bears* põem a limpo a situação, visto como, se vencem, ipso facto demonstram que se tratava de alta sem base.

Durante os anos da inflação, culminados em outubro de 1929, os *bears* foram batidos sistematicamente em todos os seus *raids* contra o mercado. Tudo mudou daí por diante. O dia 24 marcou o início duma campanha em que os papéis seriam diametralmente invertidos. A derrota do *bull* passou a ser sistemática, e muito fácil a vitória dos seus adversários. Como numa luta política em que o partido vencedor faz a derrubada dos contrários e lhes toma todas as boas posições, assim os *bears* derrancaram os *bulls*, numa revanche jamais observada na vida financeira da América. O número de milionários que viram suas fortunas em títulos se derreterem como sorvete deve equivaler ao dos que se milionarizaram vendendo o que não tinham.

Mas, repito, é impossível dar uma ideia do que é a especulação de títulos na América. Nisso, como em quase tudo o mais, esta nação se mostra sui generis, única, impossível de medir-se por meio dos velhos estalões comuns à velha humanidade. Quem, por exemplo, pode medir o que representa uma redução de valores como a observada nos dezoito dias de pânico? Esse monstruoso sorvete que se derreteu – um sorvete de 50 bilhões, ou seja, 500 milhões de contos ao câmbio de 10 mil-réis o dólar?

Tal soma representa quinze vezes a riqueza nacional do Brasil...

CAPÍTULO XXXIV

Crises cíclicas. Sensibilidade da Bolsa. Opinião dum metalurgista sobre o Brasil. Ferro e carbono. O ferro como antídoto do separatismo.

— Sim, sim, sim — disse Mister Slang, pondo sobre a mesa um número do *Times* que estivera lendo.

— São cíclicas estas crises, sim. O professor Mitchell organiza este quadro que é bem sugestivo.

Tomei o jornal. Vi o quadro. Tirei minhas ilações e concluí por mim:

— As crises da Bolsa vêm se repetindo com intervalos médios de quatro anos, e sempre como antecipação de crises econômicas. A Bolsa é mais sensível que o sismógrafo na detenção do abalo de crédito que se aproxima.

— Sim, sim, sim — continuou Mister Slang seguindo o curso do seu próprio pensamento. — O fenômeno é sempre o mesmo. Pulo para a frente — inflação; parada brusca, ou crise — reajustamento. No pulo à frente noto um fator constante: abuso de crédito, crença generalizada na ilusão de que a marcha para a frente pode ser feita assim rápida, aos saltos. O avanço conquistado com o pulo provoca entusiasmo e o entusiasmo traz consigo uma vitória do otimismo, a qual se concretiza no uso e intenso abuso do crédito. Ganhar tempo, sacar sobre o futuro! Mais, mais, mais! Mas subitamente, deflagrado por uma circunstância qualquer, sobrevém o medo de ter avançado muito, a desconfiança, o movimento precipitado de recuo para consolidar as posições. Esse retrocesso, feito em massa, por todos ao mesmo tempo, traz atropelos, quedas, desastres; e promovido por estes acidentes ocorre o pânico. Vem a deflagração e com ela o doloroso período de reajustamento. Reina o pessimismo. Desaparece o crédito, com a impressão geral de que o dinheiro acabou. No marasmo de repouso que se segue, o saneamento dos negócios se opera. A vassoura da falência limpa a árvore do *business* dos galhos secos ou enfermiços. O que subsiste merece viver, está são. Findo o período do repouso saneador, novo pulo à frente. E tudo continua...

– Sim, sim, sim – murmurei, poupando ao meu amigo o trabalho vocal de pela terceira vez repetir o seu sim tríplice. Mister Slang sorriu e, mudando de assunto, propôs-me uma visita a Detroit, para onde o chamava certo negócio com uma firma de lá.

– Quando?

– Amanhã. Temos um avião que parte às oito.

Detroit sempre me atraiu. Aceitei.

O grande metalurgista W. H. Smith, no nosso encontro na sala azul do Detroit Golf Club, expôs a sua visão do Brasil. A mesa onde almoçáramos já estava desimpedida, de modo que ele pôde figurá-la como o mapa da minha terra. Apoiou a mão no centro, onde devia ser o estado de Minas, e disse:

– Vocês têm aqui uma montanha de minério do mais alto teor. E cá em redor (e esse em "redor" era o resto da mesa, isto é, do Brasil) têm a floresta, ou, siderurgicamente falando, carbono. Com esses dois elementos a Ciência produz ferro, matéria-prima da civilização. Vocês possuem em grande os dois elementos primeiros da civilização: óxido de ferro e carbono. Por que não a criam, produzindo o metal básico?

Por quê? Dificílima a resposta. Dificílima sobretudo de ser compreendida por um americano. Têm eles nas vísceras, herdada do inglês, a intuição do que é o ferro. Têm diante dos olhos o esplendor duma civilização saída inteirinha do ferro. Sabem que são ricos e poderosos e temidos e donos do mundo porque compreenderam desde os inícios a verdadeira significação do ferro. Como explicar a uma mentalidade dessas que a palavra "ferro" nada significa para os países de pau?

Olhei para Mister Slang, que olhou para mim, e ambos juntos olhamos para o grande metalurgista à espera da nossa resposta. Por que não produz o Brasil ferro, se a natureza o dotara de todos os elementos com que o homem isola esse metal?

Nossa resposta foi o silêncio. Não havia tempo para preparar o terreno de modo que a resposta fosse compreendida. Teríamos de começar pelo ano de 1500, quando Cabral abicou em Porto Seguro. E ao falar de Cabral, explicá-lo, contando a história da formação de Portugal, pequeno país de que o almirante era um produto. Teríamos depois de fazer um curso inteiro de história, geografia e sociologia. E como tudo isso ainda fosse insuficiente, teríamos de levar esse homem ao Brasil para que visse, ouvisse e cheirasse um mundo de peculiaridades locais. Era, evidentemente, tarefa acima das nossas forças. A solução única no momento consistia em mentir. E mentimos.

– Houve um retardamento na solução desse problema – respondi eu com desplante –, mas tudo agora mudou e o Brasil vai produzir ferro. O governo está empenhado nisso.

Um dos meios de enganar americanos é falar em governo. Por inexplicável anomalia, eles, que tudo fazem por iniciativa particular e, portanto, não creem em governo, engolem essa palavra como algo mágico, sempre que se trata dum país estrangeiro, sobretudo sul-americano.

– Muito bem – disse o metalurgista. – O ferro dará a vocês a máquina, o grande engenho que aumenta a eficiência do homem. Mas para mover a máquina têm vocês de mobilizar a hulha e esguichar o petróleo. Estão cuidando disso também?

De novo olhei para Mister Slang, que de novo olhou para mim. Em seguida olhamos juntos para o grande metalurgista.

– Sim, sim, sim, o governo está a cuidar disso também – declarei, corando levemente.

– Ótimo – exclamou o nosso homem. – Produzindo ferro, terão a máquina, e produzindo carbono, terão a energia mecânica necessária para mover a máquina. Só assim a unidade territorial do seu país, que é a maior das riquezas, poderá ser assegurada.

Espantei-me. Aquela conclusão fora em absoluto imprevista. As rugas interrogativas da minha testa levaram-no a ser mais explícito.

– Os países de grande território – disse ele – correm o risco do esfacelamento, da subdivisão em pequenas repúblicas,

CAPÍTULO XXXIV   257

quando por meio do ferro não homogeneízam a massa da população. A primeira significação do ferro é transporte em todas as suas modalidades. Só o transporte, na intensidade em que o temos aqui, suprime o regionalismo e, portanto, só o transporte *nacionaliza.*

Semelhantes palavras de fino sociólogo impressionaram-me a fundo.

– A escassez de transporte – continuou ele – *regionaliza.* Faz que os grupos de população se diferenciem de mentalidade e acabem antagônicos. Não se visitam, não se conhecem, não se intercambiam, e acabam por se julgarem diferentes e *melhores,* mais merecedores de coisas do que os outros grupos.

Enquanto o meu homem ia falando assim em tese, ia eu dando nomes aos bois. Grupos de população: Minas, São Paulo, Rio Grande. *Melhores* que os outros: Minas, São Paulo, Rio Grande.

– A diferenciação de mentalidade acarreta antagonismos invencíveis, fomenta a ideia secessionista e acaba desagregando o país. O remédio é homogeneizar a massa. Fazê-la circular. O homem do Kentucky ou do Texas que jamais saiu do seu estado natal julga-se superior ao homem de Kansas ou do Missouri e constitui terreno apto à germinação de ideias desagregacionistas. No dia, porém, em que adquire meios fáceis de locomoção e sai de visita aos estados que até então via de revés, volta transformado. Verifica que é igual aos que julgava inferiores – e morre-lhe n'alma o separatismo.

Pensei no mineiro, no paulista e no gaúcho. Comparei os inúmeros que conhecia. Vi que nos viajados a ideia da superioridade própria, em contraste com a inferioridade dos vizinhos, desaparecera, ao passo que se conservava cada vez mais viva, e ativa, nos nunca saídos do buraquinho natal. E compreendi o alcance das palavras do grande metalurgista. O Brasil, devido à sua grande extensão territorial e à segregação, por falta de transporte, dos seus vários núcleos de gente semeada pelos portugueses iniciais, estava cada vez mais ameaçado de perder a unidade. Esses núcleos não se conheciam uns aos outros e todos se tinham como superiores aos demais. Só a criação intensa do transporte, pelo desenvolvimento da indústria do ferro, os levaria à convicção de que tal superioridade jamais existiu. Saídos do mesmo barro, gestados no mesmo útero, equivalem-se. A convicção da equivalência, só ela, mata o espírito de secessão.

– Sim, sim, sim – murmurei com o pensamento distante dali. – Compreendo agora o alcance das suas palavras. Só o ferro unifica, porque só ele dá transporte, o grande homogeneizador.

– Aqui na América – concluiu o metalurgista sociólogo –, o espírito de bairro desapareceu de todo, sobretudo depois da expansão do automóvel. As células componentes do país de tal modo se mobilizam, ou se intercambiam, que apesar da extensão territorial somos o país mais homogêneo do mundo. Daí a nossa força.

Nesse mesmo dia, na Fordson, donde diariamente defluem duas mil toneladas de ferro-gusa que por etapas caminham e se afeiçoam através do estômago metálico que é a usina Ford, até surgirem no extremo oposto elaboradas em 9.999 automóveis, Mister Slang recaiu no assunto.

– As palavras do metalurgista sociólogo não me saem da cabeça – disse ele. – Realmente só o ferro une, só o ferro cria, só com ele o homem adquire a eficiência explicadora de todas as vitórias. Se eu fosse resumir num vocabulário esta América que juntos andamos a "conversar", não vacilaria um segundo na escolha da palavra certa: "Eficiência". E se me pedissem para definir este mundo fordiano que nos rodeia, outra não poderia ser a minha síntese senão *mass efficiency* – eficiência em massa. Se creio na América em grau estranhável num inglês nascido em Londres é simplesmente porque creio na eficiência...

Uma série de vagonetes puxados por um trator apareceu nesse momento no pátio para o qual abria a seção onde nos achávamos. Era o almoço dos operários. Tive curiosidade de ver como se almoça à Ford. Aproximei-me.

Os vagonetes traziam milhares de caixas de papelão contendo cada qual um almoço completo, estudado e dosado por um corpo de bromatologistas. No Brasil, com o hábito existente no povo de comer o que pode comer – ou o que o vendeiro da esquina nos fornece a mais baixo preço – ninguém "entenderia" o conteúdo daquelas caixas. A fruta, o sanduíche, o creme... Tanto de calorias, tais e tais vitaminas – ciência, ciência, o máximo de ciência possível no caso. Ford faz estudar a alimentação dos seus homens como faz estudar a alimentação dos motores, e do mesmo modo que o motor não "come" o que quer e sim ingere o combustível exato que o fará operar com maior rendimento, assim também os entes humanos que lhe trabalham nas usinas recebem a sua dose de combustível alimentar na quantidade e na qualidade cientificamente requeridas.

– Eficiência, meu caro – comentou Mister Slang. – O gênio de Henry Ford não constitui uma exceção, um fenômeno isolado, como o de um Bacon que vivesse na Zululândia. É uma resultante. Ele apanhou no ar as moléculas da eficiência que esta América exsuda e as corporificou neste imenso todo. O gênio de Henry Ford não passa da individualização do gênio da América.

CAPÍTULO XXXV

Eficiência e ineficiência. Um caso típico. Absurdos fiscais.

De volta a Nova York, nossa conversa no Pullman do velocíssimo "Detroiter", o expresso que nos levava, permaneceu ainda algum tempo pousada no tema "eficiência", que o meu amigo e eu com ele tínhamos como o característico essencial daquele povo. Víamo-la em toda parte, sob os mais engenhosos aspectos, tudo marcando de modo impressionante.

– Essa feição do povo assinala-se de maneira tão intensa que já a palavra "americano" começa a confundir-se com a palavra "eficiência". Quem diz sistema americano, métodos americanos, está ipso facto referindo-se a sistema ou métodos nos quais a característica fundamental nasce da preocupação da eficiência. E essa preocupação já galgou até a máquina administrativa.

Por absurdo que o pareça, a administração americana é eficiente.

Meu pensamento voltou-se para um país onde tudo nos leva a crer que o ideal visado é justamente o oposto – a ineficiência. Mil fatos me acudiram à memória, confirmativos. Sim, sim, sim. Lá nesse país, o ideal administrativo era, e sempre fora, o caminho mais comprido, mais áspero, mais penoso para o público de menor rendimento...

– Tem razão, Mister Slang – disse eu por fim, depois dum suspiro. – Dias atrás um meu conhecido narrou-me um caso bem típico. Esse rapaz...

Tive de interromper a história. O meu inglês reclinara a cabeça na poltrona e ressonava.

262 AMÉRICA

Vá aqui o caso. Um meu conhecido, rapaz do Ceará com dois anos de residência na América, teve de pagar, ao fim do primeiro ano de estada, o seu imposto de renda. É esse o grande e praticamente o único imposto existente. E justo. Ganhou durante o ano? Pague. Nada ganhou? Nada pague. No Brasil os impostos, sob as centenas de formas absurdas, vexatórias e antieconômicas com que se apresentam, são sempre devidos. Quem requer do Estado seja lá o que for começa pagando um imposto de selo ainda que o requerimento acabe indeferido. Uma sociedade que se organiza para auferir lucros da exploração duma indústria qualquer antes que comece a funcionar já paga uma série de impostos que tem de sair do capital social. Quem afixe simples letreiro numa vitrina convidando o público para um certo concerto, paga um imposto, ainda que o público não dê atenção ao aviso e lá não compareça. Um simples recibo paga imposto e está sujeito a multa caso nele não venha colado o selo com as armas da República, indicativo de que o imposto foi pago. Se não há um selo à mão no momento, a transação tem de ser adiada, qualquer que seja o prejuízo que isso acarrete às partes.

Na América o imposto só é devido quando há lucros. Nenhum embaraço, nenhum "avança" no capital que se reúne para início dum negócio. Só ao cabo de um ano faz-se o imposto pagável – caso tenha havido lucros. Se a escrita da sociedade não os denuncia, nada a pagar. O que há de justo, de equitativo, de eficiente.

Mas esse meu conhecido, tendo de pagar o seu imposto de renda, encheu a fórmula das declarações e a enviou pelo correio à repartição arrecadadora, acompanhada dum cheque. Ficou liquidado o caso.

Nesse mesmo dia veio visitá-lo um amigo de mais longa residência no país, com o qual o meu cearense conversou a respeito do assunto.

– "Você esqueceu de declarar uma isenção a que tem direito e pagou 50 centavos a mais. Reclame-os."

O meu cearense sorriu. Vinha do Brasil, a terra onde reclamar restituição de impostos vale por pilhéria das boas. Além disso, tratava-se de 50 centavos, uma ninharia. Não valia a pena o trabalho.

– "Que trabalho?" – indagou o outro. "Não há trabalho nenhum. Basta encher outra fórmula de maneira correta e enviá-la pelo correio com a nota de que segue em substituição da primeira, que não está certa."

– "Não tenho de requerer coisa nenhuma? De ir lá? De esperar?"

– "Claro que não. Experimente."

O meu cearense assim fez. Encheu nova fórmula e anotou-a da maneira indicada. Em seguida meteu-a num envelope, endereçou-o e enfiou-o na caixa postal da esquina.

Três dias depois, com o maior dos assombros, recebia uma carta da repartição arrecadadora contendo um cheque de 50 centavos. Estava liquidado o incidente – um incidente impossível de ser liquidado no Brasil...

Eficiência administrativa. É eficiência poderem o contribuinte e o Estado liquidar suas contas e resolver incidentes pelo correio, sem o ritual do clássico requerimento "competentemente selado", em que o postulante se curva até o chão e com todo o respeito pede à cavalgadura que dirige o serviço arrecadador que lhe seja feita a altíssima mercê da restituição do que é seu. As formas da praxe, humilhantes, com que um cidadão se dirige aos altos funcionários brasileiros, vêm do tempo em que eles eram os agentes sagrados do rei, e a humanidade, a rastejante serva dos reis. São deprimentes para o caráter dum homem que se diz livre e qualifica-se, ou é qualificado, de cidadão. Além de deprimentes, onerosas – o desgraçado, para tentar reaver o imposto que pagou a mais, tem de pagar mais um imposto, o do selo, sem o qual o requerimento não é lido. Além de onerosas, lentas. Toma tempo fazer requerimento, levá-lo pessoalmente à azêmola burocrática, entregá-lo com vozinha quebrada e rapapés. E além de lentas... inúteis. As azêmolas riem-se da ingenuidade do postulante, lançam no papel um despacho que o encaminha para outra seção – e o ingênuo nunca mais tem notícias do caso...

Uma só coisa ganha esse desgraçado contribuinte: fama de imbecil integral – por ter tido a ideia de reclamar o que era seu.

Dormi também. Dormi e sonhei. Sonhei, não com a Bolsa, nem com o metalurgista sociólogo, nem com o ferro como agente unificador ou algum outro dos inúmeros temas de tanto interesse discutidos em Detroit. Sonhei com a humilde e grotesca tartaruguinha de Walden Pond, que tocaiava os peixes incautos. Um homem sentado à beira d'água conversava com ela – Thoreau, talvez.

– "Se quer paz, venha morar comigo dentro desta água" – dizia ao filósofo o bichinho. – "Temos peixes em barda para comer e uma liberdade infinita. Você nunca terá de espanar coisa nenhuma..."

O homem fez movimento para entrar n'água, como seguindo o conselho da tentadora. Depois vacilou. Em seu olhar li o seguinte: "Sim, paz, calmaria eterna. Mas...", e olhou para um grupo distante de fábricas, com grandes chaminés fumarentas. "Mas...", e sem concluir a frase ergueu-se dali e para lá se dirigiu.

Um sonho estúpido, sem nexo, sem beleza, sem significação, inexplicável a não ser para um Sigmund Freud. Felizmente parou aí, pois acordei. Vendo Mister Slang também acordado, convidei-o a recolher-nos ao carro-dormitório. Era tempo. Onze horas.

CAPÍTULO XXXVI

Processo secessionista. Antagonismo dos grupos regionais. Minas, São Paulo e Rio Grande. Previsões nem tristes nem alegres. Revolver...

No trajeto da Pennsylvania Station ao apartamento de Mister Slang a conversa recaiu de novo sobre o Brasil, a propósito das ideias do metalurgista sociólogo.

– Aquele homem tem carradas de razão – disse Mister Slang. – Por míngua de desenvolvimento econômico, o qual por sua vez decorre da falta de ferro, vocês no Brasil estão ameaçados duma tal intensificação do regionalismo que não me admirarei se desfechar em secessão.

– Acha realmente isso, Mister Slang? – perguntei com ar cético, menos por ceticismo do que para espicaçá-lo.

– Claro que acho – respondeu ele. – O processo da desagregação do Brasil já foi iniciado com a separação da província Cisplatina, há um século.

– Mas a Cisplatina era platina. Tinha a sua órbita natural em torno de Buenos Aires, não do Rio de Janeiro. Natural que se integrasse no sistema planetário a que pertencia.

– Perfeitamente. Mas não lhe parece que o Rio Grande, embora em escala menor, pende mais, pertence mais ao sistema platino do que ao brasileiro? Já esteve separado por um decênio durante a rebelião de Bento Gonçalves, e se voltou ao Brasil não o fez à força, mas por efeito da sedução e em troca de vantagens. Desde aí vem o Rio Grande guardando na chamada Federação brasileira uma posição sui generis. Continua, ou permanece, federado em troca do tributo que o Brasil lhe paga.

– Tributo? – exclamei com cara lorpa. – Não entendo...

CAPÍTULO XXXVI 267

– Reflita que entenderá. Nenhum estado lucra mais com deixar-se ficar na Federação do que o Rio Grande. O quase monopólio que tem dos altos postos do Exército, as subvenções federais que recebe, a autonomia absoluta de que goza, tudo isso não passa de formas disfarçadas de tributos para que não se separe. Outra forma é a voz que tem no concerto da trindade que dirige o Brasil: – São Paulo, Minas e Rio Grande.

Todos os presidentes têm governado, e só podem governar, com apoio nesse tríplice sistema de equilíbrio. O primeiro que o romper levará o Rio Grande à rebelião, na qual ou vencerá e permanecerá federado, ou não vencerá e destacar-se-á numa república à parte.

– Impossível! O Rio Grande está sempre dividido e isso o enfraquece. O maquiavelismo dos governos federais empenha-se em manter essa fraqueza.

– O instinto de conservação o unirá no dia em que for preciso. O Rio Grande gira mais em torno de Buenos Aires do que do Rio. Despreza o resto do Brasil – a baianada, como dizem os gaúchos. Possui ou é dominado por um orgulho infinito. Tem-se na conta de povo privilegiado, eleito de Deus. A velha concepção dos povos eleitos é irredutível.

Donde provém, donde se origina esse estado de espírito? *Da fraqueza econômica do país, da escassez de transporte, da segregação.* A maioria dos gaúchos nasce e morre sem nunca visitar as outras partes do Brasil. Ora, o remédio para esta fraqueza é um só – ferro, como muito bem disse o metalurgista sociólogo. Ferro e petróleo – máquina e energia. Se o Brasil souber, ou puder criar a indústria do ferro e a da energia, evitará a desagregação. Em caso contrário, não sei... Pelo menos ao Rio Grande é capaz de perder.

E se um separar-se, outros também se separarão. Os mineiros e os paulistas já se entremotejam. Enquanto viverem politicamente aliados, tudo irá bem. No dia em que divergirem e um estado tiver de subordinar-se ao outro, quero muito saber qual dos dois se sujeitará. Também não se conhecem e se julgam feitos duma massa especial. Só um intenso desenvolvimento econômico, devido ao ferro e ao petróleo, os misturará, matando as ideias erradas que a respeito de si próprios alimentam.

– E o Norte?

– O Norte queixa-se do Sul e atribui a estagnação em que vive à predominância do governo nas mãos da trinca São Paulo, Minas e Rio Grande. Num ponto a queixa procede. O Sul fez-se industrial à custa de proteção alfandegária. Como o Norte não pode criar indústria, vê-se forçado a comprar bem caros os artigos manufaturados no Sul, quando os poderia importar melhores e mais baratos, se não fosse a barreira alfandegária que apenas aproveita aos industriais do Sul. Só o desenvolvimento econômico, trazido pela expansão da indústria do ferro e da energia, tem elementos para sanar a situação.

Como se vê, a pobreza do Brasil, decorrente de não produzir ferro e não haver desentranhado o seu petróleo, numa era em que ferro e petróleo constituem a base econômica dos grandes países, vai lentamente conduzindo o trabalho de sapa da desagregação.

Pus-me a refletir naquilo com certa tristeza.

– Será uma pena se isso se der, Mister Slang. E espero que a força da língua, da religião e da raça neutralize a força dos fatores econômicos.

– São, de fato, forças bastante fortes, mas não esqueça de que nada fala mais alto, nem com maior eloquência, do que o bolso. As razões que o bolso começa a apresentar em favor da desagregação crescem dia a dia – e são razões mais claras do que as puramente sentimentais. Toda federação tem por base o interesse das partes. Quando tais interesses se sentem prejudicados, o instinto de conservação força a ruptura do equilíbrio artificial.

– E haverá um equilíbrio natural no sistema dos estados do Brasil?

– Sim. São Paulo (e por São Paulo entendo o São Paulo geográfico, compreendendo o Paraná, que é uma projeção paulista, o Triângulo Mineiro e Mato Grosso, que lhe gravitam comercialmente na órbita), São Paulo tem todos os elementos para ser uma grande nação.

Também os tem Minas, a Minas que incorpore ao seu território essas faixas sem significação própria que a isolam do mar – estados do Rio e do Espírito Santo.

O mesmo digo do Rio Grande e do grupo nortista que se prende a Pernambuco.

– E o resto?

– Impossível qualquer previsão lógica quanto ao resto. Territórios conquistáveis, colonizáveis. Terra a ser aproveitada no dia em que o progresso resolver o problema da vida do homem branco nos climas tropicais. No momento, a maior parte do Norte não interessa ao problema.

Chegamos. Com imensa surpresa minha, os jornais da noite davam notícia do rompimento duma revolução no Brasil.

– Veja, Mister Slang! – exclamei de olho arregalado mostrando ao meu amigo um número do *Evening Graphic*. Revolução no Brasil!...

– No Rio Grande? – perguntou ele, sem emoção nenhuma.

– Sim...

– Pois vem a calhar – concluiu o meu extraordinário inglês, premindo o botão do elevador. – Servirá, quando nada, para tirar a prova do que acabamos de debater. *So long, dear boy...*

O elevador sumiu-se com Mister Slang rumo ao vigésimo andar, enquanto eu continuava de olhos pregados nas cinco linhas da magra notícia, imóvel, com as ideias transtornadas.

"Revolução!", pensei comigo. "Vão eles *revolver*. Vão incidir na eterna ilusão de que revolver, mudar o nome das ruas, mudar os homens melhora alguma coisa. Revolver não conserta. O que conserta é *criar, aumentar*. Todas as revoluções explodem em consequência da pobreza, da miséria, da falta de oportunidades. Mas o remédio para a pobreza, para a miséria, para a falta de oportunidades, nunca foi *revolver* e sim *criar*. Com o que vai gastar para *revolver*, o pobre Brasil criaria as duas grandes indústrias cuja ausência determinou o mal-estar deflagrado em revolução..."

Suspirei e dirigi-me para casa automaticamente, com uma infinita pena dos povos latinos. Apesar de toda a experiência acumulada, reincidem sempre no mesmo erro – o erro de tentar solver os seus problemas políticos a tiros e pata de cavalo. Os povos de origem inglesa usam instrumento muito mais decente. Usam o cérebro...

■

Bibliografia selecionada
sobre Monteiro Lobato

DE JECA A MACUNAÍMA: MONTEIRO LOBATO E O MODERNISMO, de Vasda Bonafini Landers. Editora Civilização Brasileira, 1988.

JUCA E JOYCE: MEMÓRIAS DA NETA DE MONTEIRO LOBATO, de Marcia Camargos. Editora Moderna, 2007.

MONTEIRO LOBATO: INTELECTUAL, EMPRESÁRIO, EDITOR, de Alice M. Koshiyama. Edusp, 2006.

MONTEIRO LOBATO: FURACÃO NA BOTOCÚNDIA, de Carmen Lucia de Azevedo, Marcia Camargos e Vladimir Sacchetta. Editora Senac São Paulo, 1997.

MONTEIRO LOBATO: VIDA E OBRA, de Edgard Cavalheiro. Companhia Editora Nacional, 1956.

MONTEIRO LOBATO: UM BRASILEIRO SOB MEDIDA, de Marisa Lajolo. Editora Moderna, 2000.

NA TRILHA DO JECA: MONTEIRO LOBATO E A FORMAÇÃO DO CAMPO LITERÁRIO NO BRASIL, de Enio Passiani. Editora da Universidade do Sagrado Coração/Associação Nacional de Pós-Graduação em Ciências Sociais, 2003.

NOVOS ESTUDOS SOBRE MONTEIRO LOBATO, de Cassiano Nunes. Editora Universidade de Brasília, 1998.

REVISTA DO BRASIL: UM DIAGNÓSTICO PARA A (N)AÇÃO, de Tania Regina de Luca. Editora da Unesp, 1999.

UM JECA NAS VERNISSAGES, de Tadeu Chiarelli. Edusp, 1995.

VOZES DO TEMPO DE LOBATO, de Paulo Dantas (org.). Traço Editora, 1982.

Sítio eletrônico na internet: www.lobato.com.br
(mantido pelos herdeiros do escritor)

Este livro, composto nas fontes Electra LH, Rotis e Filosofia,
foi impresso em papel pólen soft 80 g/m² na gráfica Edigráfica.
Rio de Janeiro, Brasil, janeiro de 2020.

Conferênci
Georgismo e Comu
América
eratura do Minarete
Grônica urup
deias de Jeca Tatu
Mr. Slang
tras notas Problema
Zé Brasil Crônicas
Pererê: Resultado de um
A Onda Verde Cart
Miscelâne
Ferro
O Presidente N
Opiniões Na Antevésp
Voto Secre Fragmento
Jeca Tatu Prefácio
A Barca de Gley
Macaco que se fez Homem
imposto un
NEGRINHA
Entrevistas Cartas Escolh
alo do Petróleo Cartas de Amo